INVENTAIRE

F 38751

I0040542

ÉTUDE HISTORIQUE

SUR DES

TEXTES DE LOIS ROMAINES

EXPLIQUANT

LA DESTRUCTION DES MONUMENTS

DANS LES

DERNIERS TEMPS DE L'EMPIRE D'OCCIDENT

PAR

M. de la Marsonnière

Avocat général à la Cour impériale de Poitiers, Président de la Société
des Antiquaires de l'Ouest.

POITIERS

IMPRIMERIE DE A. DUPRÉ,

RUE DE LA MAIRIE, 10.

1858.

DÉPOT LÉGAL
A tome
2° 28
185.

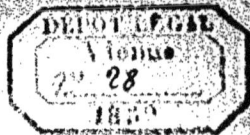

ÉTUDE HISTORIQUE

SUR DES

TEXTES DE LOIS ROMAINES.

38151
5758218

©.

ÉTUDE HISTORIQUE

SUR DES

TEXTES DE LOIS ROMAINES

EXPLIQUANT

LA DESTRUCTION DES MONUMENTS

DANS LES

DERNIERS TEMPS DE L'EMPIRE D'OCCIDENT

PAR

M. de la Marsonnière

Avocat général à la Cour Impériale de Poitiers, Président de la Société
des Antiquaires de l'Ouest.

POITIERS

IMPRIMERIE DE A. DUPRÉ,

RUE DE LA MAIRIE, 10.

1858.

1859

EXTRAIT

DES MÉMOIRES DE LA SOCIÉTÉ DES ANTIQUAIRES DE L'OUEST

(Tome XXIV, année 1857).

ÉTUDE

SUR DES

TEXTES DE LOIS ROMAINES

EXPLIQUANT LA DESTRUCTION DES MONUMENTS

DANS LES DERNIERS TEMPS DE L'EMPIRE D'OCCIDENT.

————

MESSIEURS,

L'opinion publique de chaque siècle obéit et cependant commande à un maître qui est en même temps un serviteur. Ce maître, ce serviteur qui commande et qui sert, c'est la loi écrite.

La loi s'impose sans doute à la société comme règle, et, à ce titre, elle est souveraine ; mais en même temps elle s'inspire de l'opinion de son temps, et, à ce titre, elle subit une servitude. De cette double réaction de la loi sur les mœurs et des mœurs sur la loi suit cette conséquence, que l'histoire intime d'une société ne se trouve nulle part mieux écrite que dans ses lois.

Or, parmi les lois qui s'impressionnent le plus de la passion du moment, il faut, après les lois politiques, placer au premier rang celles qui concernent les monuments. Elles sont l'expression la plus vraie de la civilisation d'un peuple [1] ; elles disent si ce peuple est artiste

---

[1] « C'est dans le recueil des lois romaines qu'il faut chercher la véritable histoire du christianisme, bien plus que dans les fastes de l'empire. » Chateaubriand, *Études historiques*, étude 3e, 1re partie, p. 156.

1

ou utilitaire, conservateur ou démolisseur, en paix ou en guerre, en progrès ou en décadence, riche ou ruiné; en un mot, elles sont à la fois le reflet de la vie intime de la cité, et l'inventaire de la prospérité nationale.

L'étude des lois d'édilité est donc véritablement intéressante pour l'antiquaire. Elle est même indispensable pour lui dans les derniers temps de la domination romaine, où sa lumière, pour éclairer les ruines, lutte seule contre les ombres qui descendent du Nord pour obscurcir l'histoire.

Toute l'histoire édilitaire de cette époque se trouve éparse dans le Code Théodosien. C'est une source où le légiste va tout droit; mais tout le monde n'en connaît pas aussi bien les avenues. Nous avons donc pensé qu'il ne serait pas sans quelque utilité peut-être de mettre ces textes en relief, en en faisant l'objet d'une étude purement archéologique.

La division de ce travail est indiquée par la nature même du sujet. Une civilisation qui meurt dans sa religion, c'est-à-dire dans sa racine et dans sa séve, meurt tout entière. Elle entraîne dans son néant ses mœurs qui sont sa substance, et son organisation sociale et politique qui sont sa forme et son épanouissement.

Or, la religion qui meurt s'ensevelit sous les ruines de son culte, de ses images et de ses monuments.

Les mœurs qui périssent laissent tomber les cirques et les théâtres, et tous les monuments pour l'érection desquels elles ont fourni à l'art leur propre type.

La forme sociale et politique, en se dissolvant, emporte tout le reste. Sa chute est le signal de la ruine des palais et des statues impériales, ce signe extérieur de la fortune des Césars; des monuments privés, ce signe extérieur de la richesse des grands ; des monuments d'utilité publique, ce signe extérieur de la commune prospérité des petits.

Cette étude aura donc quatre parties : ruine des monuments religieux, ruine des monuments scéniques, ruine des monuments politiques, ruine des monuments d'utilité publique et privée. — Voilà mon programme. J'entre maintenant en matière.

CHAPITRE PREMIER.

MONUMENTS RELIGIEUX.

Au moment de l'avénement de Constantin, Messieurs, le paganisme n'était plus, dans toute l'étendue de l'empire romain, qu'une immense hypocrisie. Personne n'y croyait plus ; et cependant une partie de la nation tenait pour lui, par ce motif que, s'il n'était plus dans les croyances, il était du moins profondément enraciné dans les mœurs. Un lien, le plus fort de tous les liens, y rattachait la plupart des classes : c'était l'intérêt. Pour les uns, cet intérêt était celui de leur propre existence. Je ne dis rien des prêtres, cela va de soi ; j'entends surtout parler des grands du monde, dont l'autorité, la puissance et la richesse reposaient sur l'inégalité des droits et sur l'institution éminemment païenne de l'esclavage. Pour les autres, et c'était là plus tard le grand argument de Symmaque [1], les dieux de Rome étaient intimement unis à la gloire nationale. Ces soutiens patriotiques du paganisme étaient les derniers champions de l'esprit philo-

[1] Symmaque, lib. x, epist. 54, p. 287.

sophique du temps, qui ne croyaient à rien qu'au génie
de l'homme, et qui, dans leur immense orgueil, dressaient à la gloire humaine l'autel sanglant où, de notre
temps et dans notre France, devait s'asseoir la déesse
Raison. Enfin, Messieurs, les masses elles-mêmes étaient
au paganisme, parce qu'il n'était pas une de leurs passions, pas un de leurs vices, pas un de leurs crimes,
auxquels le paganisme ne répondît non-seulement par
une tolérance, mais encore par une déification.

En prenant en main la cause du christianisme, Constantin avait donc à accomplir non pas l'œuvre de Dieu,
qui se faisait en dehors de lui et sans lui, mais l'œuvre
véritablement humaine dévolue à son sceptre, c'est-à-
dire une révolution sociale. D'immenses obstacles, je
viens de le dire, se dressaient devant lui : la résistance
du sacerdoce, la philosophie des capables, l'intérêt politique des grands, la corruption des mœurs publiques. Un
grand coup semblait seul pouvoir terrasser ces forces
unies dans un foyer commun de résistance. Cependant
Constantin se sentit assez fort de l'autorité de son nom et
de la grandeur de la cause dont il était le champion pour
dompter cet obstacle par son seul ascendant. Il fut modéré
comme ce qui est fort, et tolérant comme celui qui a foi
en la vérité qu'il sert. Aussi la régénération sociale qu'il
avait entreprise se serait-elle opérée sans violence, si la
mort ne fût venue l'arrêter avant l'achèvement de son
œuvre.

La mort de ce grand empereur fut le signal du réveil
pour toutes les passions intimidées, et les enfants de
Constantin, en proie à des dissensions intestines, sentirent à leur affaiblissement qu'ils n'avaient pas la force
d'être modérés. Ils édictèrent donc, en 342, cette loi ter-

rible dont les rigueurs, condamnées par l'esprit lui-même du christianisme, ne peuvent s'excuser aux yeux de la postérité que par la raison politique :

« Il nous a plu, dit ce texte, *placuit*, que, dans tous
» les lieux et dans toutes les villes, les temples soient
» immédiatement fermés, et que, leur accès étant inter-
» dit, il ne soit plus permis désormais à personne d'y
» pratiquer les rites du paganisme. Nous voulons aussi
» que tous les citoyens s'abstiennent de faire des sacri-
» fices, et si quelqu'un se permet de manquer à cette
» défense, il subira la peine capitale, et ses biens seront
» confisqués. Les recteurs des provinces seront égale-
» ment punis, s'ils négligent de réprimer de pareils
» crimes [1]. »

Certes, Messieurs, cette sanction était terrible ; mais elle fut purement comminatoire. D'un autre côté, si elle était une violence à la liberté des esprits, elle ne déclarait pas précisément la guerre aux monuments. En prescrivant la fermeture des temples, cette loi visait peut-être au contraire à la conservation d'un grand nom-bre d'entre eux, dans l'arrière-pensée d'approprier aux nécessités du nouveau culte les sanctuaires susceptibles de recevoir cette destination. Malheureusement nous al-lons voir qu'au moment du fort de la lutte, le paganisme

---

[1] Code, livre 1er, titre x, *de paganis et sacrificiis et templis.* — Loi 1, imperator Constantinus ad Taurum. — « Placuit omnibus locis atque urbibus universis claudi protinus templa, et accessu vetito omnibus licentiam delinquendi perditis abnegari. Volumus etiam cunctos sacrifi-ciis abstinere. Quod si aliquid forté hujusmodi perpetraverint, gladio ultore sternantur, facultates etiam perempti fisco decernimus vindicari : et similiter puniri rectores provinciarum, si facinora vindicare neglexe-rint. » Dat. kal. decemb. Constantino IV et Constante AA.

se fit des forteresses de ses temples, et provoqua, par sa résistance, la ruine même de ce qu'il voulait sauver.

Ce redoublement de fièvre sociale fut le déplorable fruit de la réaction causée par l'apostasie de Julien. On sait comment ce singulier esprit, poussé à l'idolâtrie par haine, par vanité, par paradoxe, par passion de l'antiquité, par fantaisie de poëte, par exaltation de thaumaturge, apostasia après avoir édicté des lois contre l'apostasie [1], viola les sépultures chrétiennes après avoir fait revivre des lois terribles contre les violateurs des tombeaux [2], rouvrit les temples après avoir concouru à les tenir fermés [3], et restaura, après avoir contribué à l'appauvrir, la fortune du paganisme [4]. On connaît ce caractère bizarre, ce génie incomplet qui eut de si grands et de si petits côtés, et à qui il n'a manqué, pour être un grand homme, que d'avoir une foi et par conséquent une

[1] L. 1 au Code, lib. I, tit. VII : — « Si quis lege venerabili constitutus et ex christiano judæus effectus, sacrilegis cœtibus aggregetur, cum accusatio fuerit approbata, facultates ejusdem dominio fisci jubemus vindicari. » Dat. no. Jul. Constantio A VIII et Juliano Cæs. (an 338).

[2] Violation des sépultures chrétiennes à Daphné, Gaza, Ascalon, Césarée, Héliopolis : Sozomène, lib. V; Théodoret, lib. IX; Grégoire de Nazianze, or. 9. — Et cependant Julien, violateur des sépulcres, avait édicté la loi que voici, en 363 : « Pergit audacia ad busta defunctorum et aggeres consecratos : cum et lapidem hinc movere, et terram evertere, et cespitem evellere proximum sacrilegio majores nostri semper habuerint. Sed et ornamenta quædam tricliniis aut porticibus auferre de sepulcris. Quibus primo consulentes, ne in piaculum incidat contaminata religio defunctorum, hoc fieri prohibemus pœna sacrilegii cohibentes. » Dat. prid. id. februar. Antiochiæ Juliano A IIII et Sallustio conss.

[3] Ammien Marcellin, lib. XXII, cap. 14.

[4] Ammien Marcellin. — St Jean Chrysostome.

direction. On sait son commencement et sa fin ; sa profession de foi de tolérance universelle au début [1], et la
tyrannie de ses persécutions à l'issue. Son règne si court
eut toutes les phases d'une ivresse, ou, si l'on veut,
d'une folie, douce à la première heure, furieuse à la dernière.

Cette restauration passagère du paganisme fut désastreuse pour les monuments du vieux monde. A la faveur
de cette réaction, les colléges de prêtres s'étaient recon-
stitués. Ils avaient été remis en possession de tous leurs
temples et de tous les biens affectés, à titre de dotations,
aux corporations sacerdotales. Ils étaient forts. Ils étaient
armés. Ils avaient pour eux les grands et la secrète sym-
pathie de ceux des fonctionnaires de l'empire qui appartenaient à la vieille caste. Les expulser n'était pas une
médiocre entreprise. On devait s'attendre à une lutte dés-
espérée : la foi de Théodose ne recula pas devant ces
difficultés :

« Qu'aucun mortel, dit-il dans un édit en date de l'an
» 385, qu'aucun mortel n'ait l'audace de faire des sacri-
» fices dans l'espoir d'arracher une vaine prédiction à
» l'inspection des foies et des entrailles des victimes. Il
» s'expose à être torturé du plus cruel supplice, celui
» qui, contre cette défense, tenterait ainsi de sonder le
» vrai des choses présentes ou futures [2]. »

[1] Ammien Marcellin.
[2] « Ne quis mortalium ità faciendi sacrificii sumat audaciam, ut
inspectione jecoris, entorumque præsagio vanæ spem promissionis
accipiat, vel (quod est deterius) futura sub execrabili consultatione
cognoscat; acerbioris etenim imminebit supplicii cruciatus ei qui contra
vetitum præsentium vel futurarum rerum explorare tentaverit verita-
tem. » Dat. vii kal. jua. Theod. Grat. et Valent. AAA. Arcad. et Bau-

C'était la sentence de mort de l'idolâtrie, et en même temps celle de tous les sanctuaires où se constituerait un foyer de résistance. La destruction fut terrible. Déjà, sous Constantin, on avait vu tomber les temples d'Aphaque sur le Liban; d'Héliopolis, en Phénicie; d'Esculape et d'Apollon, en Cilicie; de Vénus, à Jérusalem. Déjà, sous Constance, le sol des Gaules, et particulièrement celui de nos contrées, avaient été jonchés par saint Martin des débris des bois sacrés, des idoles et des sanctuaires. Déjà, en dépit de Libanius et de Symmaque, Gratien, dépouillant les collèges de prêtres et les vestales, avait brisé l'autel de la Victoire et fait crouler les temples que leurs possesseurs n'avaient pas voulu quitter. Théodose fit le reste, et étendit à toutes les parties de l'empire la confiscation du domaine païen au profit de l'empereur et de l'Église chrétienne. Les statues de Jupiter roulant sur les pentes des Alpes et livrant à la cupidité des soldats leurs foudres d'or, le temple quadrangulaire de ce dieu disparaissant dans les flammes, Sérapis conquis par le fer, et les souris sortant de la tête de l'idole, comme une raillerie providentielle à la défaite des défenseurs du dieu, les temples de Canope, de Gaza et tant d'autres croulèrent sous le torrent irrésistible par lequel le nouveau monde était poussé en dehors de lui et malgré lui peut-être à l'anéantissement de l'ancien.

Le vent était à la destruction, et, il faut le reconnaître, les plus pieux ministres de la foi chrétienne y encoura-

tone coss. — Ce texte permet de douter de ce fait attesté par Chateaubriand dans ses *Études historiques*, que le supplice de la croix ait été prohibé par Constantin. Cette prohibition, en admettant qu'Aurelius Victor, cité par Chateaubriand, dise vrai, n'aurait été que temporaire.

geaient les masses par leur exemple '. Pouvait-il en être
autrement? Ces temples gigantesques peuplés d'idoles où
chaque vice avait sa personnification, ces bois sacrés
pleins de molles ivresses et de souvenirs voluptueux encore chauds, étaient autant de protestations permanentes
contre la religion de sacrifice et de chasteté, en même
temps qu'ils étaient autant de dangereux prétextes pour
des populations amoureuses de ce qui sollicite l'imagi-
nation et les sens. Les monuments, vous le savez mieux
que personne, Messieurs, sont des livres qui ne sont
jamais muets pour ceux qui les consultent. En condam-
nant à la destruction les temples païens, les pères de
notre foi songeaient avant tout au salut de leurs chrétientés, et faisaient comme le père de famille lorsqu'il
déchire entre les mains de son fils un livre dangereux pour
ses mœurs.

Cependant, Messieurs, hâtons-nous de le dire, il arriva ce qui était inévitable : c'est que les ordres furent
dépassés. Les organes du paganisme ne furent pas seuls
à protester; des voix s'élevèrent du sein même du christianisme pour conjurer les malheurs d'une destruction
totale. L'intérêt seul eût suffi pour y porter les chrétiens.
Constantin et ses successeurs n'avaient édifié qu'un
nombre d'églises relativement restreint. On manquait
donc de sanctuaires; et d'autre part il n'était guère possible d'en construire de nouveaux. En effet, après les
règnes glorieux étaient venus les mauvais jours et les
règnes néfastes. La fortune des particuliers était ruinée
par les guerres, par le pillage et par l'impôt. Le trésor
public, dont les fonctionnaires étaient les premiers à ar-

' Libanius pro templis.

rêter l'aliment à sa source, était à la discrétion de ces milices remuantes et avides qui se donnaient à prix d'or au plus haut et dernier enchérisseur de l'empire. Il était donc impossible de demander, soit au trésor, soit à la fortune privée, l'érection de nouvelles basiliques. Dans cette situation, on pouvait espérer trouver une utile ressource dans les temples païens purifiés et appropriés au service du nouveau culte. C'est ce qu'avaient compris les empereurs en attribuant, par de nombreuses constitutions, au clergé chrétien la plus grande part des édifices enlevés au paganisme [1]. Mais malheureusement il en était alors comme de tous les temps d'énervement et de convulsion sociale et politique : la passion des masses était à la destruction et au pillage. Il se formait, au milieu de l'affaiblissement graduel du pouvoir, des bandes de pillards qui, sous le nom de chrétiens, de païens ou de schismatiques, n'étaient en réalité que les soldats de leur propre cause, et ne respectaient pas plus les monuments entre les mains des ministres de la foi triomphante, qu'ils ne les épargnaient entre celles de leurs anciens possesseurs. C'est ce qu'on doit conclure de ce cri de détresse jeté par Arcadius et Honorius dans la constitution suivante, en date de l'an 398 [2] :

« Ceux qui seront convaincus d'avoir envahi les
» églises catholiques et d'y avoir outragé les prélats,

---

[1] L. 5 au Code, *de paganis sacrificiis et templis*. — Dat. III kalend. sept. Ravennæ, Honorio et Theodos. VI AA (415). — Il ressort de cette loi que de nombreuses donations de temples et propriétés païennes ont été faites au culte chrétien par le gouvernement.

[2] Code, liv. 1er, tit. III, loi 10. — « Si quis in hoc genus sacrilegii, etc... » Dat. VII kalend. maii. Mediolani, Honorio III et Eutychiano. conss.

» les autres ministres du culte, le culte lui-même ou les
» lieux et les objets qui lui sont consacrés, seront défé-
» rés au gouverneur et au modérateur de la province, et
» encourront la peine capitale. Ces magistrats devront
» agir sans attendre que l'évêque porte plainte, car le
» prêtre doit à la sainteté de son caractère la gloire
» d'ignorer les injures qui lui sont faites. — L'opinion
» publique ne peut qu'applaudir à ce que les outrages
» graves dirigés contre les ministres du culte soient pour-
» suivis comme crimes publics, et à ce que leurs auteurs
» soient rigoureusement punis. Aussi, dans le cas où le
» crime serait le fait d'une *multitude violente et armée*, et
» où l'appariteur civil serait impuissant à la maîtriser, à
» raison de l'insuffisance des forces qui lui sont offertes
» par la garnison du lieu ou par le concours des habitants,
» il devra demander des troupes, et le président de la
» province, à la réception des lettres qui réclameront ce
» secours, devra prendre les mesures nécessaires pour
» qu'aucun retard ne soit apporté à la répression d'une
» pareille invasion. »

Il fallait, Messieurs, que le désordre fût bien grand,
et que le christianisme, au milieu même de son triomphe,
eût encore des ennemis bien redoutables, pour que le
chef de l'État se crût obligé de prévoir et de prévenir de
pareils dangers. Une autre loi, édictée dans le même
esprit, atteste l'indiscipline des populations, l'impuissance de l'autorité et l'impossibilité où se trouvait qui
que ce fût, en 399, de faire respecter son droit.

« Nous avons sans doute, dit le texte, défendu les
» sacrifices dans les temples; mais nous n'en voulons
» pas moins que l'on respecte les ornements des édifices
» publics. Si ceux qui veulent les enlever s'y prétendent

» quelque droit, s'ils invoquent quelque rescrit ou quel-
» que loi à l'appui de cette prétention, ils devront se
» dessaisir de leur titre, qui sera porté à notre connais-
» sance [1]. »

Ainsi, il régnait une confusion désolante dans tous les
droits et dans tous les titres. Les biens dont le paganisme
avait été dépouillé étaient, pour la plupart, sans possesseurs sérieux et à la merci du premier occupant. Le
clergé catholique revendiquait en vain contre la force les
territoires et les édifices que les constitutions lui avaient
octroyés. L'empereur lui-même était obligé de disputer,
avec des chances diverses, à des possesseurs de mauvaise
foi, les accessions faites à ses propres domaines. Dans ce
conflit tumultueux, la loi n'était rien, la force était tout.

Cependant, sous ces faibles empereurs, les lois ne faisaient pas défaut; elles se multipliaient au contraire. Je
dois citer en particulier une constitution en date de l'an
415, par laquelle Arcadius et Honorius essayent d'apporter un peu d'ordre entre les prétentions rivales dont
les biens du paganisme étaient l'objet :

« Nous ordonnons, disent-ils, que tous les lieux que
» l'erreur des anciens a affectés aux choses sacrées soient
» réunis à notre domaine, sous cette réserve cependant
» que tous les biens provenant de cette source, qui au-
» ront, en quelque lieu que ce soit, été octroyés à des

---

[1] « Sicut sacrificia templorum prohibemus, ita volumus publicorum
operum ornamenta servari. Ac ne sibi aliqua auctoritate blandiantur qui
ea conantur evertere, si quod rescriptum, si qua lex forté prætenditur,
abreptæ hujusmodi chartæ ex eorum manibus, ad nostram scientiam
referantur. » Dat. kal. febr. Constantinop. Arcadio et Honorio AA. —
Theodosio et Homordio coss. (399). L. 3 au Code, *de paganis sacrificiis
et templis.*

» particuliers par la libéralité de nos prédécesseurs ou
» par Notre Majesté, leur demeureront définitivement en
» pleine propriété. Quant à ceux que, par de nombreuses
» constitutions, nous avons attribués à la vénérable
» Eglise, c'est à juste titre que le culte chrétien les re-
» vendiquera comme sa propriété [1]. »

A la faveur de cette constitution, Messieurs, l'Eglise
put, autant du moins que cela était praticable en ces
temps d'invasion étrangère et de troubles intestins, arracher, sinon au pillage, du moins à une entière destruction les quelques débris respectés par la violence de
ses anciens champions. Mais ces temples n'étaient pour
ainsi dire plus que des ruines. L'art ne pouvait d'ailleurs
y être respecté; car, avant de les approprier au culte
chrétien, il fallait renverser ces idoles, effacer ces peintures, broyer ces bas-reliefs où le sensualisme païen
s'était complu et s'était empreint. Il faut avoir la logique
de sa foi, et des chrétiens ne pouvaient donner au Christ
un temple pour demeure qu'après en avoir chassé l'i-
mage et le souvenir de Vénus. Aussi, là conservation
des temples par les chrétiens équivalut-elle, pour l'art,
à une destruction.

Les temples conservés ne furent donc qu'une médiocre
ressource pour le culte. Les églises dues à la libéralité
des empereurs, libéralités auxquelles les Gaules étaient

[1] « Omnia loca quæ sacris error veterum deputavit nostræ rei jubemus
sociari. Quod autem ex eo jure ubicumque ad singulas quascunque personas, vel præcedentium principum largitas, vel nostra majestas voluit
prævenire, id eorum patrimoniis æterna firmitate perducet. Ea verò quæ
multiplicibus constitutis ad venerabilem Ecclesiam volumus pertinere,
christiana sibi meritò religio vindicabit. » Datum iii kal. sept. Ravennæ,
Honorio et Theodos. VI AA. L. 8 au Code, *de paganis sacrificiis et templis.*

d'ailleurs demeurées étrangères, étaient en nombre insuffisant pour répondre au besoin d'une foi qui se propa-
geait par toutes les provinces de l'empire. Il fallut donc,
au milieu des désastres de la fortune de Rome, édifier,
avec de modestes ressources, des temples plus modestes
encore. C'est alors que s'élevèrent, dans les Gaules, ces
humbles temples dont le temps n'a conservé qu'un petit
nombre d'exemplaires. Félicitons-nous, Messieurs, de
posséder, en notre temple Saint-Jean, un spécimen de
l'art de cette grande et mystérieuse époque.

Mais si nous nous applaudissons de ce qui nous reste,
ne devons-nous pas en même temps des regrets à ce que
nous avons perdu? Sans doute, avant l'établissement du
christianisme, la vieille cité des Pictons avait ses temples et ses dieux. Que sont devenus ces temples? Il est à
croire qu'ils ont péri sous Constance, alors que saint
Martin parcourait les Gaules, renversant les sanctuaires
et les idoles. Déplorons ce désastre, Messieurs, mais
gardons-nous de condamner le grand entraînement dont
il fut l'œuvre. Dans les temps de régénération sociale où
l'humanité, obéissant à l'impulsion d'une foi, marche à
la vérité et au progrès moral, l'art n'est pour elle que
poussière et vanité. Elle va droit au but, foulant dédai-
gneusement du pied tout ce qui n'est pas le progrès moral et la vérité. La passion d'une société qui s'absorbe
dans sa croyance n'est pas seulement de mourir pour sa
foi, mais encore de condamner à périr tout ce qui est
incompatible avec sa foi. Donc, dans ce grand œuvre de
destruction, l'homme n'est rien; c'est Dieu qui le pousse.

Mais, Messieurs, en voilà assez sur cette première
partie du programme que nous avons annoncé l'inten-
tion de remplir. Nous avons fait leur part aux monuments

religieux du paganisme; interrogeons maintenant la poussière de nos cirques et de nos amphithéâtres, et voyons si les lois romaines nous raconteront aussi l'histoire de leur ruine.

CHAPITRE II.

MONUMENTS SCÉNIQUES.

La vie des peuples, Messieurs, passe par les mêmes phases que celles des individus. Après les ardentes aspirations de la jeunesse, après les glorieuses réalités de l'âge mûr, un peuple, comme un homme, finit, si ses mœurs sont au sensualisme, par un suprême dégoût de toute chose. Il est blasé, et il faut à ses fantaisies de vieillard et à ses sens pervertis des raffinements inouïs de jouissances. Les plaisirs honnêtes, l'atticisme d'un art délicat, les beautés pures et chastes d'une belle littérature effleurent à peine cet insensible épiderme. Il faut pour le faire tressaillir des orgies de bacchantes, des spectacles honteux ou sanglants, sanglants surtout : des gladiateurs ou des martyrs.

Tels étaient les plaisirs de ce vieillard qui s'appelait le peuple romain, lorsque la foi chrétienne toucha le cœur de Constantin. Empereur chrétien d'un peuple de chrétiens, sa première parole devait être un cri de malédiction et de haine pour ces cirques et ces amphithéâtres, lieux d'horreur, pleins d'échos funèbres et rouges encore du sang des martyrs.

Aussi, en même temps qu'il frappait le paganisme dans son culte, Constantin voulut-il le flétrir dans ses sanglants plaisirs. Son édit de l'an 325 proclama enfin le respect de la vie humaine, et interdit aux échos du cirque de répéter désormais le salut funèbre : « *Morituri te salutant.* »

« Les spectacles sanglants, dit cet édit, répugnent au
» sein de la paix civile et de la tranquillité domestique.
» En conséquence, nous défendons absolument les com-
» bats de gladiateurs '. »

Cette prohibition, qui n'avait encore pour but que de moraliser les plaisirs de Rome, tendait, dans un avenir plus ou moins éloigné, mais certain, à l'abandon et même à la destruction des gigantesques édifices consacrés aux sauvages plaisirs de la foule. Dans tous les cas, elle leur enlevait dès à présent leur principale utilité publique; aussi est-il impossible d'admettre qu'après 325 aucun édifice de ce genre ait été construit ou même achevé. Notons en passant ce fait intéressant pour notre histoire locale, puisqu'il démontre que la construction de nos arènes remonte nécessairement à une époque antérieure au commencement du ive siècle.

La suppression des jeux sanglants, cette conquête du christianisme sur les mœurs païennes, ne se fit pas cependant d'un seul coup et sans entraves. Un peuple rompt malaisément avec ses mœurs. Pour changer ses habitudes, il faut user de ménagements et transiger avec elles. Telle fut la politique des empereurs. J'en vois la preuve dans cet édit de Valens, en date de 376, où l'on permet les jeux publics, en y apportant, il est vrai, une prudente et parcimonieuse réserve.

' Loi 1 au Code, *de gladiatoribus penitùs tollendis*, livre xi, titre 43 :
« Cruenta spectacula in otio civili et domestica quietate non placent.
Quapropter omninò gladiatores esse prohibemus. »

« Nous ne défendons pas, dit-il, nous sommes au
» contraire disposés à favoriser les plaisirs du peuple
» dans son goût pour les combats de lutteurs et pour les
» jeux publics. Toutefois nous les autoriserons plus vo-
» lontiers lorsque les premiers personnages d'une ville,
» *primates*, désirant être agréables au peuple, prendront
» l'engagement de pourvoir à la dépense [1]. »

On était bien loin, vous le voyez, Messieurs, du temps
où l'empereur répondait par l'agonie des victimes au cri
célèbre du peuple romain : *Panem et circenses*. Cependant
les spectacles qu'on tolérait n'étaient pas encore sans
danger pour les acteurs. On peut en juger par cet autre
édit en date de 381, où Gratien, Valentinien et Théodose
accordent la protection du droit commun à une classe de
gens que la cruauté païenne et le mépris public avaient
jusque-là mis hors la loi :

« Eos qui agitandi munus exercent, illustris aucto-
» ritas tua nullis præter circense certamen adfici noverit
» opportere suppliciis [2]. »

Les dangers encourus par les cochers du cirque, *agi-
tatores*, n'étaient du reste alors qu'à peu près ceux du pica-
dor espagnol dans les cirques modernes. En effet, depuis
Constantin, les gladiateurs étaient exclus du cirque, et, à
partir de Théodose, les bêtes féroces commencèrent à en

[1] Loi 1 au Code, *de spectaculis et scenibus et lenonibus*. — « Non in-
videmus, sed potiùs cohortamur amplectanda felicis populi studia gym-
nici ut agonis spectacula reformentur. Verumtamen cum primates viri,
populi studiis ac voluptatibus, grati esse cupiant : promptiùs permitti-
mus, ut integra voluntas sit, quæ volentium celebratur impensis. » Dat.
vi id. mar. Treverâ. Valente V et Valentiniano AA. — (An 376).

[2] L. 2 au Code, *de spectaculis et scenibus et lenonibus*, livre xi,
titre xl.

2

disparaître. Tout porte à croire qu'elles n'y figuraient même plus durant le règne d'Arcadius et d'Honorius, puisqu'une loi de ces empereurs, en date de 417, rapporte la prohibition qui jusque-là avait protégé les hôtes du désert contre les flèches du chasseur. Ils permettent de tuer les lions.

L'arène des amphithéâtres cessa donc d'être ensanglantée et ne fut plus foulée que par les cochers du cirque, leurs coursiers et leurs chars, par les athlètes et par les histrions. Ils perdirent leur popularité en même temps que la sauvage grandeur de leurs spectacles. Ils devinrent d'ailleurs un lieu noté d'infamie. Les chrétiens et ceux qui prenaient soin de leur dignité s'en éloignaient comme d'un repaire de débauche et de corruption. Un édit en date de l'an 396 en fait foi. Il est de Théodose :

« Il est formellement interdit d'exposer sous les por-
» tiques publics et près de nos statues les portraits d'un
» pantomime vêtu de son habit déshonnête, d'un cocher
» du cirque à la poitrine ridée, ou d'un vil histrion. Elles
» doivent être immédiatement arrachées, et l'on veillera
» à ce que, désormais, l'image de personnes notées d'in-
» famie ne soit plus exposée dans les lieux fréquentés
» par les gens honnêtes. Toutefois nous permettons de
» placer ces images à l'entrée du cirque et aux avant-
» scènes du théâtre[1]. »

---

[1] Loi 4 au Code, *de spectaculis et scenibus et lenonibus*, livre XI, tit. XL. — « Si qua in publicis porticibus, vel in his civitatum locis in quibus nostræ solent imagines consecrari, pictura pantomimum veste humili, et rugosis sinibus agitatorem, aut vilem offerat histrionem : illicò revellatur, neque unquàm posthàc liceat, in loco honesto, inhonestas adnotare personas : in aditu vero circi, vel in theatri proscenibus ut collocentur non vetamus. »

Certes, voilà les amphithéâtres bien tombés dans l'opinion. Cependant, malgré leur discrédit, ils sont encore debout; ils conservent même dans certaines contrées, et particulièrement dans les provinces qui forment l'empire d'Orient, encore une ombre d'utilité publique. C'est ce qui paraît résulter d'un édit en date de l'an 409, par lequel Arcadius et Théodose semblent vouloir protéger contre l'arbitraire des hauts fonctionnaires le droit de chaque cité à des représentations théâtrales.

Les amphithéâtres, bien que condamnés moralement par le christianisme, et discrédités par les mœurs nouvelles, n'avaient donc pas subi le sort des temples. Les chrétiens, autorisés pourtant, par les terribles souvenirs du passé, à exercer des représailles contre ces monuments teints du sang de leurs martyrs, les avaient respectés, sinon dans leur ornementation païenne, dont M. Chemioux décrivait naguère la belle ordonnance [1], du moins dans leurs parties essentielles. On peut donc croire comme un fait certain que, s'il a prononcé moralement une condamnation contre les cirques et les amphithéâtres, le christianisme n'a pas été la cause immédiate de leur destruction.

Quelle fut donc cette cause immédiate? Je vais vous la dire : ce fut la détresse publique. Permettez-moi d'entrer sur ce point dans quelques explications.

L'excès de l'impôt, Messieurs, est la ruine du trésor; il ne l'enrichit momentanément que pour l'appauvrir en définitive, car le fleuve de la fortune publique cesse de couler, si l'on en tarit la source. Les derniers empereurs romains eurent cette mauvaise politique, et tuèrent sous

---

[1] *Journal de la Vienne*, n° du 28 mars 1857.

l'impôt le patrimoine privé. J'ai tort de dire que ce fut
leur politique. Il est plus juste d'accuser leur faiblesse,
car leur faute fut de laisser faire; et ce fut ainsi que
se tarit rapidement, au profit des convoitises mena-
çantes qui entouraient la couronne, la source vive de la
fortune du pays.

Les Gaules, en particulier, furent énervées par l'impôt.
Les biens furent tellement grevés par la rente, et le mal
fut si grand, qu'on vit un grand nombre de propriétaires
préférer le délaissement de leurs immeubles à la dure
loi de les conserver à ce prix. De vastes territoires, dé-
sertés par la culture, devinrent de déplorables solitudes.
La terre, objet d'un culte si passionné de nos jours, était
alors délaissée, repoussée comme une marâtre. Ce fut à
ce point que, ne sachant que faire des terres abandonnées
par leurs propriétaires, on les offrait, dès le règne de
Constantin, à qui les voudrait pour rien [1]. Ceci se pas-
sait même en Italie, jusque dans les fertiles et célèbres
plaines de la Campanie; chez nous à plus forte raison. Et
cependant ce bon marché ne tentait personne, par la
raison qu'il était de principe que toute terre devait l'impôt [2], et que cette simple obligation suffisait pour effrayer
et faire reculer devant une acquisition gratuite. Voilà où
en était, même sous Constantin, cet empire romain dont
on est accoutumé d'exalter si fort la grandeur, et qui
périssait précisément par sa trop grande étendue [3].

Mais les empereurs n'entendaient pas que, faute de

---

[1] Gibbon, tome VI, p. 17 (traduction Guizot); — Troplong, *Du contrat de louage*, t. I, p. 151.

[2] *Voyez* au Code, lois 1, 2, 5, 6, livre II, titre LVIII.

[3] Lactantii de morte persecutorum.

possesseurs, les terres abandonnées fussent stériles pour
le fisc. Ils imaginèrent un moyen qui, en sauvegardant
momentanément les intérêts du trésor, aboutissait tout
uniment à la ruine des villes et des communes [1]. En
effet, ils adjoignirent les terres abandonnées aux possessions des municipes, rendant ces derniers responsables de l'impôt. Cet agrandissement fut pour les communes une cause nécessaire d'appauvrissement. Il y eut
à cela deux raisons : la première, c'est qu'elles se trouvèrent obligées de payer d'énormes impôts pour des
terres délaissées par l'industrie humaine, et par conséquent improductives; la seconde, c'est que leurs ressources, déjà insuffisantes pour l'entretien des monuments
de la cité, s'affaiblirent d'autant plus qu'elles durent se
répartir davantage. Mais cette mesure ne fut pas seulement désastreuse pour la cité, elle fut en même temps
la ruine de toutes les grandes fortunes particulières, à
qui naturellement étaient décernés les honneurs si oné-
reux des magistratures curiales. Il en advint ce qui devait arriver : le sol se couvrit de ronces; les élégantes
villæ croulèrent et se couronnèrent de lierre; les murs
des cités tombèrent de vétusté; les aqueducs, que n'en-
tretenait plus une administration soigneuse, ouvrirent
leurs flancs et livrèrent leurs eaux aux usurpations de la
propriété privée. Enfin, les amphithéâtres, vides de spectacles et de spectateurs, furent abandonnés par une édilité besoigneuse, qui n'avait rien à donner à l'agréable,
puisqu'elle ne pouvait même pourvoir à l'entretien de
l'utile.

Le comble de cette ruine et de cette honte de l'édilité

[1] L. 1 au Code, lib. II, tit. LVIII, *de omni agro deserto.*

fut atteint sous le règne néfaste d'Honorius et d'Arcadius. Les splendides villes, comme les appellent les res-
crits avec une emphase[1] qui ressemble à une doulou-
reuse ironie, n'étaient plus que des fantômes de cités à
peine vêtus de suaires en lambeaux. Nul n'avait les
moyens de bâtir ou de réparer, et la misère était si
grande, que des particuliers, privés d'asile, allaient
audacieusement s'installer dans l'enceinte des résidences
impériales, s'y arrangeaient une demeure, et narguaient
le souverain impuissant, qui ne répondait à ces usurpations que par des lois stériles. Un rescrit, en date de
409[2], proteste en vain contre cette insolence. L'empiétement est partout, nul ne veut déguerpir. Chacun se cram-
ponne à l'arcade d'un amphithéâtre, à la voûte d'un
portique, à la colonne d'un palais, et pollue, dégrade
par le contact de ses substructions particulières l'édifice
public dont il s'approprie une part. Dans ce naufrage de
la fortune publique, tout disparaît, et le mal est si grand,
que, par un rescrit en date de 409, Honorius et Arcadius
accordent à tous ceux qui en feront la demande la possession des édifices publics qui tombent en ruines et ne
servent plus aux cités, *quæ non sunt in usu civitatum*[3]. On

[1] « Ne splendidissimæ urbes vel oppida vetustate labantur... » *L.* 11
au Code, *de operibus publicis* (395).

[2] « Quicunque locus in palatio hujus urbis privatis ædificiis incommodè occupatus est, is quamprimùm subruptis omnibus qui in eo sunt
ædificiis, palatio reformetur : quod privatum non est parietibus cohor-
tandum. Nam imperio magna ab universis secreta debentur : ut hi tan-
tùm locum habeant habitandi, quos legitimus majestatis nostræ usus, et
reipublicæ disciplina delegit : in futurum etiam universis ab hujusmodi
usurpatione prohibendis. » *L.* 48 au Code Théodosien, *de operibus publicis*. Arcadius et Honorius, an 409.

[3] « Si aliquandè homines emergant qui à nostrà clementià opus pu-

peut sans témérité ranger dans cette catégorie les cirques et les amphithéâtres, car il n'y avait plus de spectacles et de fêtes pour des populations misérables et mourant de faim.

Ainsi, Messieurs, aux premières années du v° siècle, les amphithéâtres, ces monuments qui commençaient à n'avoir plus de destination, *quæ non erant in usu civitatum*, étaient nécessairement, plus encore peut-être que tous les autres édifices, la proie des usurpations particulières. Les populations, découragées, abruties par la misère et par la crainte, ne pensaient plus à jouir, réduites qu'elles étaient à ne songer qu'aux premiers besoins de l'existence. Leurs monuments n'étaient donc plus pour elles que des superfluités indifférentes, et il était évident que, le jour où il faudrait les sacrifier aux besoins de la défense, elles les renverseraient sans remords comme sans regrets.

Ce jour arriva. L'orage qui grondait au Nord éclata bientôt avec un bruit terrible. Les barbares hurlaient à la porte des frontières. Au premier jour, ils allaient franchir d'impuissantes barrières. Il fallait aviser.

Malheureusement, Messieurs, la misère est imprévoyante; elle vit au jour le jour, et n'est jamais prête au moment du danger. On avait vécu jusque-là dans une trompeuse sécurité; on croyait à la puissance du nom de Rome; on y voyait un rempart contre les barbares.

---

blicum sibi præberi postulaverint, non nisi diruta penitùsque destructa, et quæ parùm sunt in usu civitatum percipiant : intimandis hujusmodi rescriptis judicio amplissimæ sedis. » — A Eutichianus, préfet du prétoire, Honorius Auguste, ides de décembre 409. — L. 16 au Code, *de operibus publicis.*

Aucune précaution n'était prise. Les cités étaient déman-
telées. Les fortifications étaient, presque partout, absentes
ou en ruine.

Ce fut en 395 qu'Arcadius et Honorius jetèrent le cri
d'alarme, et cherchèrent à stimuler le zèle des populations
par l'exemple d'un grand sacrifice :

« De peur, dit le texte, que les villes splendides et
» les autres cités ne tombent de vétusté, nous affectons
» à la réparation des murailles publiques et des thermes
» la troisième part des revenus publics [1]. »

Ce sacrifice, si grand qu'il fût pour le trésor, n'était
rien pour la situation. C'était une goutte d'eau dans un
océan. On s'en aperçut bien vite, et l'on résolut de faire
un appel suprême à toutes les bonnes volontés.

« Il est prescrit par ces lettres, dit un texte à la date
» de 396, il est prescrit par ces lettres à tous les rec-
» teurs de province d'informer les corps municipaux et
» les habitants de chaque ville qu'ils devront construire
» de nouveaux murs d'enceinte, ou restaurer solidement
» les anciens... [2]. »

[1] « Ne splendidissimæ urbes vel oppida vetustate labantur, de rediti-
bus fondorum juris reipublicæ, tertiam partem reparationi publicorum
mœnium et thermarum substitutioni deputamus. » Dat. xi kalend. jul.
Mediolani, Olybrio et Probino coss. Arcadius et Honorius AA. (an 395).
L. 10 au Code, *de operibus publicis*.

[2] Omnes provinciarum rectores litteris moneantur ut sciant ordines
atque incolas urbium singularum muros vel novos debere facere, vel
veteres firmius renovare. Hoc pacto impendiis ordinandis, ut adscriptio
currat pro viribus singulorum, deinde adscribant pro æstimatione operis
futuri territoria civium : ne plus poscatur aliquid quàm necessitas im-
peraverit neve minus : ne instans impediatur effectus. Opportet namque
per singula non sterilia juga certa quoque distribui, ut par cunctis præ-
bendorum sumptuum necessitas imponatur. Nemini accusatione vel aliâ

On prescrivait donc de rétablir les remparts ; mais, remarquez-le bien, ce n'était pas la seule mesure de défense commandée par la nécessité. Il ne suffisait pas de fortifier la ville, il fallait encore ordonner l'enlèvement de tous les édifices extérieurs pouvant servir à favoriser l'ennemi. Cette mesure stratégique, à laquelle j'attache une certaine importance pour la solution d'une question locale, fut prise par un édit des mêmes empereurs en date de 398.

« Nous ordonnons que l'on démolisse et que l'on fasse
» disparaître toutes les constructions ou édifices qui
» touchent les monuments publics ou les remparts, et
» dont le voisinage peut faire craindre soit des incen-
» dies, soit des embuscades, *insidias,* soit un rétrécisse-
» ment des places publiques et des portiques [1]. »

Ainsi, Messieurs, au commencement du ve siècle, l'empereur, en présence du danger de l'invasion, ordonnait à la fois la reconstruction des murs d'enceinte et la destruction de tous les édifices publics ou privés suscep-tibles de nuire à la sécurité de la cité. Ces ordres durent être exécutés, et la nécessité, conspirant avec eux la ruine de tous les édifices extérieurs commandant les villes, dut

---

præsumptione ab hujusmodi immunitate præbenda. » Lettres d'Arcadius et Honorius Augustes, données le 9 des kalend. d'avril 396.—L. 11
au Code, *de operibus publicis.*

[1] « Ædificia quæ vulgo parapetasia nuncupantur, vel si qua alia
opera mœnibus, vel publicis porticibus ita sociata cohærent ut ex his
incendium, vel insidias vicinitas reformidet, aut augustentur spatia platearum, vel minuitur porticibus latitudo, dirui ac prosterni præcipimus. » Dat. 6 id. octob. Constantinople, Honorius A. Eutichianus C.
(an 396).

en particulier, car c'est là que j'en veux venir, condamner à mort notre amphithéâtre de Poitiers.

Vous vous rappelez, Messieurs, l'intéressante communication qui vous était faite aux dernières assises scientifiques par le savant doyen de la faculté de droit de Poitiers, et l'ingénieuse déduction que lui avait suggérée la loi 11 au Code, *de operibus publicis*. Il vous disait que la chute de nos arènes avait été commandée, vers l'an 406, par la nécessité de resserrer l'enceinte de la ville, et de reconstruire les remparts avec leurs débris. Ces mesures coïncidaient, vous disait-il, avec l'invasion des barbares qui venaient d'inonder les Belgiques et le nord des Gaules, après le départ des légions des bords du Rhin, dont Stilicon avait dégarni la frontière [1].

---

[1] En communiquant ce texte (L. 11 au Code, *de operibus publicis*), M. Foucart présenta les observations historiques que voici : « Lorsque la domination des Romains, dit-il, fut définitivement établie dans les Gaules, une paix profonde, assurée par la constante présence des légions, régna dans nos contrées. Dans l'état de calme où se trouvait alors le pays, les fortifications étaient inutiles, et, en l'absence du stimulant du danger, les municipalités, dont l'esprit est le même dans tous les temps, se souciaient fort peu de faire les frais nécessaires pour la construction ou l'entretien des murs d'enceinte. Les cités gauloises se trouvaient donc dépourvues de murs, lorsque après 406, année si fameuse dans les fastes de la décadence romaine, le péril inspira aux habitants de nos cités la résolution de se mettre en état de défense. — Stilicon, préoccupé de ses ambitieux projets, était venu sur les bords du Rhin, où les légions romaines étaient cantonnées, et les avait ramenées à Rome. C'était une imprudence. Dégarnir la frontière des Gaules, c'était la livrer aux barbares. Toutefois, avant de s'éloigner, Stilicon prit la précaution de s'entendre avec les Francs, qui, parvenus à se former un petit établissement vers Cologne, entre le Rhin et la

Cette explication, Messieurs, est très-certainement celle de la ruine des monuments importants d'une grande partie de nos cités. On trouve en effet au Code Théodosien une loi [*] de la même époque que la précédente, qui ordonne la démolition des temples et l'emploi des maté-

Meuse, promirent de défendre la frontière; puis il partit. — Alors, comme si elle n'eût attendu que ce signal, une formidable horde de barbares fit irruption dans les Gaules. Goths, Gépides, Vandales, Hérules, Suèves, Bourguignons, Saxons, Angles et Juthes se précipitèrent sur ce malheureux pays, pour la protection duquel les Francs ne furent qu'une faible barrière. Leur défaite désastreuse les découragea, et, comme le chien de la fable, qui voit ne pouvoir défendre le dîner de son maître, ils se résignèrent à prendre une part du festin. — Ce ne fut alors qu'un vaste embrasement dans la Belgique et dans le nord des Gaules. Tout fut mis à feu et à sang, et une immense terreur s'empara de toutes les populations du centre et de l'Ouest. Ne pouvant plus attendre de secours d'un empire expirant, réduits à leurs propres forces, stimulés par l'imminence du péril, les habitants de nos villes se décidèrent à resserrer l'enceinte de leurs cités pour présenter moins de prise à l'ennemi, à abattre les magnifiques édifices qui, situés en dehors de l'enceinte, auraient pu couvrir l'assaillant, et des débris de ces nobles ruines firent des matériaux pour leurs murs. C'est alors que les lettres d'Honorius et d'Arcadius, dont nous venons de donner le texte, reçurent en Occident leur exécution ; c'est alors que tombèrent nos arènes et les somptueux édifices dont notre sol révèle chaque jour tant de vestiges ; c'est alors que s'entassèrent, pour former des murs d'enceinte, les matériaux arrachés à nos belles arènes. » — M. de Caumont applaudit à la justesse des observations de M. Foucart, et cita à l'appui de sa conclusion divers exemples analogues constatés par lui dans les cités de l'ouest et du midi des Gaules. — *Voir* mon compte rendu des travaux des assises scientifiques de Poitiers, comme secrétaire général, *Journal de la Vienne*, n° du mardi 31 mars 1857.

[*] « Quoniam vias, pontes per quos itinera celebrantur, adque aquæductus; muros quin etiàm, juvari provisis sumptibus opportere signasti, cunctam materiam quæ ordinata dicitur ex demolitione templorum, me-

riaux qu'on en retirera à la restauration des remparts, des ponts, des aqueducs et même des routes. On voit donc que, dans ce temps de détresse, les monuments *quæ non erant in usu civitatum*, étaient sacrifiés aux nécessités urgentes de la défense, et condamnés à disparaître.

Il suit de ce qui précède que l'hypothèse de M. Foucart est très-certainement applicable à la destruction d'un grand nombre de temples et de monuments construits dans l'enceinte ou dans la proximité des villes fortifiées. Mais l'est-elle spécialement à notre amphithéâtre? C'est une question à laquelle nous n'osons répondre par une affirmation positive, car les hypothèses historiques, alors même qu'elles paraissent la conséquence logique d'un texte, ne doivent être accueillies par la science qu'avec une extrême réserve. Nous n'attachons donc pas le caractère de la certitude à cette explication de la ruine de notre amphithéâtre; seulement nous disons qu'elle nous paraît avoir de grandes chances de probabilité. En effet, l'autorité des documents puisés dans la loi romaine et dans les considérations générales paraît encore affermie par des circonstances de localité véritablement concluantes.

Et d'abord nous allons voir que la destruction des arènes de Poitiers, au moment où l'invasion menaçait, pouvait répondre au double besoin prévu par les lois d'Honorius et d'Arcadius que nous venons de citer.

En premier lieu, Messieurs, la sécurité même de la place exigeait ce grand sacrifice.

En effet, les vestiges retrouvés par plusieurs de nos

moratis necessitatibus deputari censemus, quò ad perfectionem cuncta perveniant. » L. 36 au Code Théodosien, *de operibus publicis.*

honorables collègues [1] attestent que l'enceinte de notre cité, sous la domination romaine, comprenait, à la partie sud, le jardin actuel du collége et la rue du Puygarreau. L'amphithéâtre, construit en dehors, ne se trouvait donc qu'à une faible distance (200 mètres environ) de cette partie des murs d'enceinte. Ce n'est pas tout : il commandait nécessairement la place, tant à raison de l'élévation supérieure du plateau sur lequel il se trouvait placé, que par l'effet de ses proportions gigantesques dominant les plus hautes cimes des plus grands édifices de la cité. Ce voisinage, en cas de siége, devenait donc une menace et un péril pour la place, car l'ennemi, une fois maître de cette importante position, dominait les remparts, plongeait dans la cité et foudroyait, avec les armes de trait, non-seulement les assiégés, mais encore les renforts qui tenteraient de pénétrer dans l'enceinte par la vallée du Clain. La première mesure à prendre pour mettre la ville en état de défense était donc de renverser l'amphithéâtre. Ainsi la nécessité la plus impérieuse concourait avec les ordres formels de l'édit de 398, pour ordonner aux Poitevins la destruction de ce monument plein d'embûches, *insidiæ*.

Mais cette destruction avait une double utilité, car elle fournissait aux citoyens le moyen de pourvoir à une autre nécessité et à un autre ordre impérial. Les murs d'enceinte étaient en ruines, ou plutôt ils n'existaient plus : *vetustate labantur*, dit l'édit. Il fallait donc les réédifier. Mais où trouver des matériaux, dans des circon-

[1] Rapport sur les galeries souterraines où l'ancienne enceinte de la ville de Poitiers, par M. Mangon de la Lande (Mémoires de la Société des antiquaires de l'Ouest, année 1856, t. II).

stances aussi pressantes? L'amphithéâtre condamné deviendra une carrière ouverte. Les blocs gigantesques taillés et sculptés, piédestaux des statues païennes déjà précipitées par le christianisme, rouleront sur le sol sous les efforts des ouvriers, et serviront de base aux remparts. Les gradins renversés, les revêtements arrachés disparaîtront pêle-mêle dans l'épais blocage, chaos incohérent dont se formeront ces nouveaux murs de défense.

Cette ruine est si bien indiquée par le raisonnement, Messieurs, qu'il me semble assister de mes propres yeux à ce douloureux spectacle, et entendre le fracas retentissant de ce gigantesque écroulement. Mais je fais plus que me le représenter par la pensée; je pourrais presque aller plus loin et dire : *Je le vois.* Il me suffit en effet de regarder nos vieux murs, connus sous le nom d'enceinte visigothe, et d'y retrouver pêle-mêle ces blocs taillés, ces pierres monumentales, ces restes de sculptures, pour être porté à penser que la plus grande part des matériaux a été empruntée à notre amphithéâtre [1].

[1] Plusieurs objections sont faites à cette conclusion. La première est celle-ci : si les habitants de Poitiers ont démoli leur amphithéâtre pour reconstruire leurs murs d'enceinte, il est évident qu'ils se sont attaqués à la partie du monument le plus immédiatement rapprochée de l'enceinte. Or, il est constant que la partie de l'amphithéâtre qui a subsisté le plus longtemps est celle qui avoisine la ville. Comment admettre que les habitants aient été ouvrir leur carrière sur le point le plus éloigné du chantier où les matériaux devaient être employés? — On peut répondre à cette objection que, lorsque l'on a commencé à porter la main sur l'amphithéâtre, on a attaqué tout d'abord, non les gros murs, mais les parties supérieures de l'édifice. Le couronnement de l'amphithéâtre a évidemment été l'objet des premières attaques, et, eu égard à l'immensité de l'édifice, a dû fournir aux travailleurs une masse déjà considé-

Cependant, Messieurs, il est à croire qu'après ce premier outrage, ce monument, défendu par sa propre solidité, dut se survivre à lui-même. L'incursion des Vandales, qui prirent et saccagèrent Poitiers en 408, dut suspendre l'œuvre de destruction encore inachevée. Elle

rable de matériaux. Il est clair qu'on ne pouvait démolir en quelques jours un monument aussi gigantesque, et que toute la partie solide de l'amphithéâtre a dû survivre aux premiers efforts des travailleurs. Peu importe donc que, dans les temps modernes, on constate au côté nord des ruines mieux conservées qu'au côté sud ; personne ne prétend que l'exécution, évidemment précipitée, des lois de 596 ait eu pour résultat la démolition complète de telle ou telle partie des arènes. On ne peut en avoir eu le temps. La seule chose vraisemblable est celle-ci, à savoir, que, pour reconstruire les murs, on s'est attaqué aux parties supérieures de l'amphithéâtre. Que si plus tard telle partie de l'édifice s'est affaissée avant l'autre, il faut en accuser l'action du temps, celle des éléments ayant plus de prise sur un point que sur un autre, ou des vices de construction rendant une partie du monument plus particulièrement vulnérable. Mais l'objection faite ne détruit en rien l'induction tirée des lois de 596, en exécution desquelles on démolissait, pour la restauration des murs, les monuments *quæ parùm erant in usu civitatum*. La seconde objection est celle-ci : les Arabes, du temps de Charles-Martel, auraient occupé les arènes comme place forte. On n'a pu me citer l'écrivain qui relate ce fait, et j'ignore quelle autorité son témoignage peut avoir. Mais, le fait fût-il vrai, il n'y aurait rien à en conclure, car il est bien évident que les arènes, telles qu'elles existaient, même au temps où écrivait Etienne Lefebvre, c'est-à-dire le 29 juillet 1442, présentaient un aspect encore fort imposant. Or, tout le monde sait qu'il n'est pas nécessaire qu'un édifice soit dans un état parfait de conservation pour couvrir des assiégeants et même des assiégés. Les besoins de la défense n'exigent qu'un obstacle. Or, des murs épais et solides comme ceux de notre amphithéâtre étaient une protection suffisante, alors même que leur partie supérieure n'existait plus. L'occupation des Arabes à l'époque ci-dessus indiquée, en admettant qu'elle soit vraie, n'est donc pas une objection sérieuse au système que nous ne présentons du reste qu'hypothétiquement.

fut reprise par les Visigoths, qui, mis en possession de l'Aquitaine en 420, durent remettre Poitiers en état de défense pour repousser Clovis au commencement du VIe siècle. Ils continuèrent donc la démolition des arènes, qui devinrent la carrière où furent puisés les matériaux nécessaires non-seulement pour rétablir les fortifications, mais encore pour reconstruire les édifices détruits ou brûlés par les barbares. On peut donc dire, avec toutes les probabilités, que notre amphithéâtre a servi plusieurs fois à reconstruire la ville, et que son sort a toujours été de se rendre, au prix de sa propre ruine, le bienfaiteur d'une ingrate cité. Nous le voyons même de notre temps, puisqu'il sacrifie encore aujourd'hui son reste d'existence à cet impitoyable tyran qu'on appelle l'utilité publique [1].

Mais, Messieurs, laissons là notre malheureux amphithéâtre, et sortons de la question particulière pour nous résumer sur la question générale. — Il est temps de conclure, et je dis :

Le christianisme, en réformant les mœurs, a peu à peu réduit les amphithéâtres au rang des monuments inutiles, *quæ non sunt in usu civitatum*. La détresse publique, se joignant à cette première cause d'abandon, a livré aux injures du temps et aux outrages de l'usurpation privée ces gigantesques édifices. Telle est la première période de leur ruine : c'est la ruine par l'indifférence.

Mais l'heure du danger survient ; la nécessité et le

---

[1] Nous avons, en effet, à déplorer la destruction des parties les plus intéressantes de l'amphithéâtre, et particulièrement de l'entrée principale, enfouie aujourd'hui sous les efforts de la mine, pour permettre la percée d'une nouvelle rue et l'établissement d'un marché public.

souverain ordonnent la destruction de tout ce qui peut
nuire à la sécurité des cités, et la restauration de ce
qui doit les défendre. L'indifférence se change alors en
violences, et les amphithéâtres tombent sous le marteau
démolisseur.

CHAPITRE III.

DES STATUES IMPÉRIALES.

Dans les deux premières parties de ce travail, j'ai
dénoncé deux causes parallèlement responsables de deux
grandes ruines. A la destruction des temples correspond
l'ardeur d'une foi qui lutte pour triompher; à la ruine
des cirques et des monuments de plaisir, les dédains
de la foi triomphante pour les vices de la civilisation
vaincue. Les textes précédemment cités nous ont donc
signalé, dans les lois édilitaires, une double action du
christianisme : action sur le culte, action sur les mœurs.

Le chapitre que nous commençons vous présentera,
sous un autre aspect, l'œuvre persévérante de la foi
nouvelle. Nous allons la voir apparaître dans les lois d'é-
dilité qui se rattachent à l'ordre politique, et y faire une
révolution. Elle y sera combattue, puis aidée par ceux
même dont elle perd la fortune; car, entraînés finale-
ment par l'opinion, les empereurs conspireront, à leur
tour, contre leur propre pouvoir, en édictant des lois
dont le résultat en amoindrira le prestige.

C'est ce fait intéressant que nous allons entreprendre
d'exposer, en vous faisant l'histoire des statues impériales.

Il n'est pas de pouvoir politique fondé sur le paga-

3

nismc qui n'ait eu, dans des images, sa personnification
matérielle. En république, on élève des statues à des
abstractions. En despotisme, on érige des statues à la
divinité couronnée. Ces érections ne sont pas seulement
un hommage, mais un culte. Elles ne procèdent pas par
l'honoration, mais par l'adoration. L'empereur romain
n'est pas un souverain, c'est un dieu. La pourpre déifie.
Il n'est pas un Auguste qui n'ait été divin. Néron, Vitel-
lius, Héliogabale et Caligula furent divins.

Avant de vous dire comment tomba ce culte monstrueux, il faut que je vous fasse connaître ce qu'il était.
Ammien Marcellin, Socrate, Sozomène et la *Chronique
Alexandrine* nous fournissent sur ce sujet d'intéressants
détails.

L'empereur était représenté, dans toutes les parties de
son empire, par trois modes d'effigies : les statues, les
images et les simulacres.

Les statues de marbre, d'airain, d'argent et même
d'or s'élevaient triomphalement sur de gigantesques colonnes de marbre ou de porphyre, au milieu du *Forum*,
ou bien sur les portiques ou dans l'enceinte même du
sénat. Ces effigies monumentales étaient immobiles dans
leur majesté, et ne croulaient que le jour où il plaisait
à des soldats ivres de revêtir un empereur nouveau de
la pourpre ensanglantée de l'empereur assassiné [1].

[1] Les statues impériales étaient sinon protégées contre les révolutions
de palais, du moins défendues contre les violences populaires ou particulières par une loi terrible, la loi qui punissait de mort le crime de lèse-
majesté. « Qui statuas aut imagines imperatoris jam consecratas confla-
verint, lege Juliâ majestatis tenentur. » (Venuleius Saturninus, libro II,
de judiciis publicis.) Ce genre de crime était assimilé au sacrilège. (Ulpien, lib. VII, *de officio proconsulis.*) Nul ne pouvait se soustraire à la

Les images étaient des statues portatives ou des peintures représentant la personne de l'empereur. Ces peintures ou portraits en pied, formant bannière, étaient portés processionnellement dans les lieux publics. Ces exhibitions de l'image impériale avaient pour prétexte soit la solennité des jours de fête, soit, dans les circonstances ordinaires, la publication d'événements pour lesquels on recherchait les applaudissements de la multitude. Une victoire, un traité de paix avantageux ou tout autre fait glorieux pour l'empire et son chef était, soit à Rome, soit dans les provinces, une occasion de présenter l'effigie sacrée à l'admiration du peuple, *populo inhianti* [1].

Les simulacres, *simulacra*, n'étaient que de simples bustes, ou même des portraits de l'empereur. On les exposait au cirque et au théâtre, à l'occasion des combats et des jeux publics, pour animer l'émulation des jouteurs, par la pensée qu'ils luttaient en la présence de l'image du prince [2].

Dans toutes ces occasions, soit qu'on érigeât la statue *in certo loco*, soit qu'on promenât processionnellement l'image, soit qu'on exhibât solennellement au cirque le simulacre, ces effigies du Divin Auguste étaient l'objet d'un culte que l'abjection du paganisme seul pouvait accepter [3].

sanction, pas même les privilégiés tels que les hauts personnages et les militaires. On attachait tant de prix à la répression de ce crime, que, pour l'établir, on admettait, par exception, le témoignage des femmes et celui des esclaves.

[1] L. 4 au Code Théodosien, *ne quid publicæ lætitiæ.*

[2] L. 4 au Code Théodosien, *de statuis et imaginibus.* — Saint Ambroise, lib. vi, hex., cap. 0 : « Sola ære fusa principum capita et ducti vultus de ære, vel de marmore ab hominibus adorantur. »

[3] « Sicut enim in imperatoriis imaginibus depingitur tam gloriosum

Les magistrats chargés de présider à ces solennités
rendaient à la statue du prince tous les hommages d'a-
doration dus à la divinité même. Ils ne s'en appro-
chaient que vêtus d'ornements sacrés, le visage voilé,
dans l'attitude d'une prosternation religieuse. Ils cou-
ronnaient de fleurs la statue, sacrifiaient à ses pieds par
une libation de vin, faisaient fumer l'encens, illumi-
naient l'autel de lampes et de cierges, et récitaient des
prières dans lesquelles ils suppliaient l'idole impériale
d'écarter du peuple tous les maux auxquels est assujettie
l'espèce humaine [1].

Ces solennités, injurieuses pour l'humanité qu'elles
avilissaient, et pour la Divinité, dont on usurpait ainsi les
droits, rentraient logiquement dans la politique des Césars.
L'empire ne reposait pas alors, comme il le fait de notre
temps [2], sur les populations civiles, qui seules peuvent

---

satellitum agmen, quam genus barbarorum, qui imperatori subacti
sunt, et procumbit infra barbarus, procumbit etiam civis; sed cum fidu-
cia stat regem suum adorans : ille verò necessitate compeditus sub pedibus jacet, et imperatorem adorat, sed sine ullà adorationis mercede,
quia non spontè id facit, sed necessitate cogitur. • Saint Jean Chrysostome, t. viii, p. 173, *Spuria.*

[1] Caselius 2, varianto 16; Philostorge, *Hist. de l'Église.* Le même
fait est attesté par Eunome et Aëtius. — Socrate, lib. vi, cap. 16; Sozomène, lib. viii, cap. 20.

[2] Cette distinction, que je ne fais qu'exprimer, est remarquablement
développée par M. le comte de Persigny, dans son discours d'ouverture
de la session de 1858 du conseil général de la Loire : • Maintenant, Messieurs, je n'ignore pas les reproches que quelques partis adressent à l'établissement impérial. On ne peut méconnaître les grands services que lui
doit l'ordre social tout entier, le calme qu'il a rétabli dans les esprits, et
la sécurité qu'il a rendue aux intérêts. Mais on l'accuse de tendre à dés-
hériter le pays de sa légitime intervention dans les affaires publiques,
en fondant, comme à Rome, une espèce de dictature césarienne, à

fonder sur une élection libre un pouvoir légitime. Il n'avait pour support qu'un pavois tantôt soulevé, tantôt retiré par l'armée qui ne peut servir utilement un gouvernement régulier qu'à la condition d'obéir toujours, mais de ne délibérer jamais. Imposés par la violence militaire aux populations civiles, les empereurs romains n'avaient avec elles d'autre rapport que celui du maître à l'esclave. Or, l'usurpation sur l'homme, qui est l'esclavage, conduit nécessairement à l'usurpation sur Dieu, qui est l'idolâtrie.

Tel fut le spectacle politique qui apparut au christianisme lorsque vint pour lui l'heure du triomphe. Il avait jonché de débris païens le champ de bataille; il avait acquis le droit de parler en maître; et cependant, à l'heure même de sa victoire, il voyait se dresser devant lui, comme un reste vivant du paganisme terrassé, le culte idolâtrique voué à la personne du souverain par les mœurs politiques d'une société fière de sa civilisation, de sa gloire et de son antiquité.

Une lutte dut donc s'engager, et certaines circonstances de cette lutte méritent l'attention de l'historien.

Ici, en effet, se présente une question intéressante,

l'aide du prestige du nom de Napoléon. — Permettez-moi, Messieurs, de repousser cette analogie. Entre César et Napoléon, il n'y a de commun que la gloire qui a fondé le prestige des deux noms. Mais les situations sont complétement différentes : à Rome, il s'agissait de faire passer une société corrompue et désorganisée par la guerre civile, de la république à la dictature, en achevant de détruire les anciennes libertés; tandis qu'en France, au contraire, l'œuvre napoléonienne n'est que de continuer notre vieil état monarchique par une quatrième dynastie, non pour détruire d'anciennes libertés, mais pour consolider les nouvelles. » — *Moniteur*, n° 241, 29 août 1858.

celle de savoir dans quelle mesure les empereurs devenus
chrétiens continuèrent à accepter pour leur propre image
ces témoignages d'adoration qui n'appartiennent qu'à
Dieu seul. Constantin, Théodose le Grand n'ont-ils adoré
le vrai Dieu qu'à la condition de ne pas cesser d'être
adorés eux-mêmes? ou bien, au contraire, ont-ils brisé
courageusement le lien qui les rattachait à la tradition
païenne en proscrivant des adulations sacriléges? Je pose
cette question, qui peut avoir son intérêt historique.

Commençons d'abord, Messieurs, par établir un fait
matériel, dont nous déduirons ensuite les conséquences.
Ce fait matériel est l'érection d'une quantité considérable
de statues impériales ruineuses par l'art et par la matière, à une époque où tout était détresse dans l'empire
romain.

En 390, une statue d'argent reposant sur une colonne
magnifique est érigée près d'une église à Théodose le
Grand [1]. En 394, une autre statue d'argent pesant 7,400
livres romaines est dédiée au même empereur sur le
Forum Théodosien [2]. En 403, on élève à Eudoxie, épouse
d'Arcade, une statue de même métal sur une colonne de
porphyre [3]. En 414, les bustes d'or d'Honorius, de
Théodose et de Pulchérie sont érigés au sein du sénat
par Aurélien, préfet du prétoire [4]. En 415, le même préfet du prétoire installe au milieu du sénat la statue d'or

---

[1] Ammien Marcellin, son Histoire.
[2] Chronique Alexandrine. — Cedrenus in Theodosio magno, p. 285;
in Zenone, p. 290.
[3] Ammien Marcellin, son Histoire; — Socrate, lib. vi, cap. 16; —
Sozomène, lib. viii, cap. 20.
[4] Chronique Alexandrine.

de Théodose[1]. En 421, on élève sur le Forum Arcadien une statue d'Arcadius reposant sur une immense colonne creuse[2]. En trente années, huit statues du métal le plus précieux s'élèvent au sein d'un empire en décadence et en face d'un trésor vide.

Pourquoi ces statues? Etait-ce uniquement l'hommage rendu à la couronne par des sujets respectueux? S'il en était ainsi, nous applaudirions, car un peuple n'est grand qu'à la condition d'être sage, et jamais un peuple n'est plus sage que lorsqu'il honore en son souverain le principe de l'autorité.

Mais était-ce réellement à l'autorité temporelle que l'on rendait hommage, lorsque les hauts fonctionnaires de l'empire et la population romaine, s'agenouillant dévotement, faisaient fondre la cire et fumer l'encens devant les statues impériales? Si ces hommages eussent été purement temporels, l'Eglise ne s'en fût pas alarmée, car son divin chef, en réservant pour Dieu ce qui appartient à Dieu, avait enseigné à ses disciples qu'il faut rendre à César ce qui appartient à César. Cependant l'Eglise protesta avec énergie. Socrate, Sozomène, Optat, saint Jérôme, saint Jean Chrysostome en font foi. « Les servi-
» teurs de Dieu, dit saint Jérôme, ne doivent point adorer
» une statue ou une image d'airain, d'argent ou d'or. Si
» donc des magistrats ou princes du siècle adorent les
» images ou les statues des empereurs, qu'ils sachent que
» ce qu'ils font là est l'opposé de la conduite par laquelle
» trois enfants d'Israël se rendirent agréables à Dieu[3]. »

---

[1] *Idem.*

[2] *Idem,* et Ammien Marcellin.

[3] « *Notum tibi, rex, quia deos tuos non coli us, et statuam auream*

Certes, saint Jérôme ne se fût pas élevé contre ces adorations des statues, si elles n'eussent été qu'un simple hommage du sujet au souverain. Il ne protestait et ne pouvait protester que contre l'usurpation sur Dieu. Or, à quelle époque écrivait saint Jérôme? Du temps où les empereurs étaient chrétiens.

Mais, dira-t-on, il y avait, du temps de saint Jérôme, une secte religieuse encore influente. Le paganisme s'efforçait de saisir toutes les occasions de se manifester. C'était évidemment lui, et lui seul, qui se livrait à ces adorations des statues, dans lesquelles il trouvait un prétexte à des manifestations publiques. L'empereur ignorait ces choses ou les désapprouvait. Un prince chrétien ne pouvait, en effet, logiquement accepter des hommages insultants pour le Dieu devant lequel il fléchissait le genou.

Cette manière de raisonner serait une grande erreur historique, car, pour juger sainement ce qu'il peut y avoir de contradictoire dans les actions des hommes, il faut commencer par s'enquérir si leur origine, leurs mœurs et leur intérêt ne sont pas en opposition avec les sentiments que doit leur inspirer leur profession de foi religieuse.

L'origine de l'empire romain était essentiellement païenne; elle reposait sur la force, et non sur le libre assentiment. Elle était l'expression politique d'une so-

---

quam erexisti non adoramus. Sive statuam, ut Symmachus, sive imaginem auream, ut cæteri transtulerunt, voluerimus legere : cultores Dei eam adorare non debent. Ergò judices et principes seculi, *qui imperatorum statuas adorant,* et imagines, hoc se facere intelligunt, quod tres pueri facere nolentes placuerunt Deo. » Saint Jérôme, t. III, p. 1081, *in Danielis prophetæ,* cap. III.

ciété dont toutes les traditions étaient païennes. Or, une lignée d'empereurs ne rompt pas avec ses traditions. Elle peut, à un moment donné, s'incliner devant des nécessités politiques ou religieuses et courber le front devant un nouveau Dieu; mais son origine reste la même, et elle sera jusqu'à la fin l'esclave de la tradition à laquelle elle appartient par cette origine.

Or, quelle était la tradition pour les empereurs romains? Se diviniser. La pourpre les déifiait, et tout ce qui les entourait concourait à leur donner cette persuasion à laquelle l'orgueil humain est si accessible : la flatterie avait atteint, sous le Bas-Empire, les limites les plus extrêmes de l'hyperbole. Dans le langage de ce temps, les empereurs étaient *divins*. Tout ce qui était à l'usage de leur personne était sacré. On disait et ils disaient eux-mêmes de leurs audiences que leurs sujets y étaient *admis à adorer leur éternité*. C'est un texte que je cite [1]. Les lois romaines fourmillent d'expressions hyperboliques qui effacent l'homme pour révéler le Dieu. Entourés d'affranchis et d'esclaves, sans autres pairs que les membres énervés d'un sénat adulateur, l'empereur romain n'avait qu'un maître, les soldats du prétoire qui l'acclamaient, jusqu'au jour où il leur plaisait de l'assassiner. En un mot, les Augustes n'étaient pas des empereurs, ils étaient des sultans avec des janissaires.

Leurs passions étaient à l'unisson de leurs mœurs; elles étaient sans frein comme leur toute-puissance. Les

---

[1] « Primicerium fabricæ post biennium non solum vacatione, rerum etiam honore donari præcipimus; ità ut inter protectores *adoraturos æternitatem nostram* suo quisque tempore dirigatur. » L. d'Arcadius et d'Honorius, donnée en 390; l. 5, Code Théodosien, lib. x, tit. xxi, *de fabricensibus.*

— 42 —

plus sages d'entre eux ont ensanglanté leur règne. Théodose le Grand a immolé toute une population pour un officier frappé de mort et pour une statue renversée. Constantin a tué Crispus, comme Thésée Hippolyte. La tyrannie était dans leurs mœurs.

Enfin leur intérêt leur imposait l'obligation politique de conserver à leur trône le prestige dont il était entouré. Or, quel prestige peut être égal à celui de la déification? C'est véritablement un droit divin que celui que l'on prétend, non pas tenir de Dieu, mais posséder virtuellement, parce que l'on est un dieu soi-même. Or, telle était la prétention traditionnelle des empereurs romains, et cette prétention-là ne pouvait être maintenue aux yeux du vulgaire que par la pompe des apparitions impériales, et par la religiosité des hommages attribués à tout ce qui rappelait la personne sacrée du chef de l'Etat. Il ne faut pas oublier, en effet, qu'à l'époque dont nous parlons, la moitié de l'empire était païenne. Or le lien le plus fort entre l'empereur et ses sujets païens, c'était le culte idolâtrique de sa personne. Renoncer à ce culte, c'était sacrifier son prestige, et sacrifier ce prestige, c'était en quelque sorte abdiquer.

L'origine, les mœurs, l'intérêt stimulaient donc les empereurs chrétiens, sinon à commander, du moins à accepter pour leurs statues des adorations païennes. Or, les accepter, c'était s'en rendre complice. Remarquez en effet, Messieurs, que l'empire romain était organisé dans le sens éminemment gouvernemental de la centralisation. Chaque province avait ses magistrats qui recevaient directement les ordres de l'empereur, et cette volonté était transmise par chaque magistrat aux municipalités de sa province. Rien ne se faisait donc en principe sans l'ordre de l'empereur, ou si, ce qui n'arrive que trop dans les temps de désordre, la volonté souveraine était désobéie, aussitôt un rescrit du prince appliquait à l'infraction une sanction pénale. Les recueils de lois en offrent de nombreuses preuves. Jamais les lois répressives ne furent plus multipliées que sous les princes désobéis. Les faibles mains d'Arcadius et d'Honorius signèrent plus d'édits comminatoires que celles d'aucun de leurs glorieux prédécesseurs.

Si donc les empereurs chrétiens eussent désapprouvé les hommages religieux rendus à leurs statues, ils eussent protesté avec saint Jérôme.

Ont-ils protesté ? Non, car on voit dans la loi 4 au Code, *ne quid publicæ lætitiæ* émanée de Théodose le Grand, qu'ils favorisaient les exhibitions processionnelles de leurs images [1].

Ils n'ont pas protesté, car le concile de Nicée s'indignait du scandale de ces adorations : « Labrata et icones, dit
» il dans ses actes, labrata et icones quæ mittuntur ad
» civitates vel regiones, obvii adeunt populi cum cereis
» et incensis, non cerâ perfusam tabulam, sed impera-
» torem honorantes. »

---

[1] « Quidquid nostrorum unquam nuntiari ceperet prosperorum, bella si desinent, si oriuntur victoriæ, fastis si honor datus fuerit regalium trabearum, compositæ pacis si erit efferenda tranquillitas, *sacros cultus inhiantibus* si forte populis inferemus, hæc sine pretio nuntiari excipique sancimus. *Gerulum* jubemus esse *castissimum*, judices esse prohibemus; judices statuimus esse sollicitos ne turpi contudio quæratur ex miseris pretium gaudiorum. Quod si id sacrilegâ fuerit dissimulatione violatum, et accipientem pudoris fortunarumque manebit excidium, et cogentem par pœna multabit, et officium trigenta librorum auri vexatione quæratur. » Théodose, an 383, L. 4, tit. xi, lib. 8 au Code Théodosien, *ne publicæ lætitiæ.*

Ils n'ont pas protesté, car saint Jean Chrysostome a, au contraire, été exilé par eux, parce qu'il s'élevait avec l'indignation d'un chrétien contre les honneurs divins destinés à la statue d'Eudoxie.

Ils n'ont pas protesté, car, ainsi que nous le verrons tout à l'heure, c'est seulement sous Théodose le Jeune que pour la première fois on songe à proscrire ce culte outrageant pour Dieu.

Les empereurs chrétiens, en admettant qu'ils n'aient pas ordonné l'adoration de leurs statues, l'ont donc acceptée, et par conséquent approuvée. Cette conduite est sans doute en désaccord avec les principes de leur foi. Mais l'histoire est là pour nous apprendre à être indulgents pour les contradictions de l'esprit humain, alors surtout qu'elles trouvent chez les Césars leur excuse dans leur origine, dans leurs mœurs et dans l'intérêt de leur couronne.

Mais, Messieurs, si les protestations de l'Eglise étaient sans efficacité sur les déterminations des chefs de l'Etat, elles agissaient avec une tout autre vertu sur l'opinion publique. Le peuple, toujours prêt à contester au pouvoir même ce qu'il lui doit, fut prompt à se déshabituer d'un culte qu'il ne devait pas, et où le vrai sacrifice était celui de la dignité humaine. Son enthousiasme cessa, et ses sens résistèrent à l'aspect prestigieux de ces images d'or entrevues au milieu des nuages parfumés de l'encens.

Les hauts fonctionnaires eux-mêmes, sans cesser d'obéir aux traditions du passé, tirèrent profit, pour leur propre gloire, de ce revirement de l'opinion. Investis de la réalité du pouvoir dont Arcadius et Honorius n'avaient plus que le fantôme, ils trouvèrent dans le discrédit des images impériales l'audace de donner une satisfaction rivale à leur propre vanité. Les privilégiés de la popularité s'érigèrent ou se laissèrent ériger des statues sans l'assentiment impérial, et l'on vit des images prétoriennes se placer insolemment côte à côte de celles du divin empereur [1]. L'opinion ne se blessa pas de cette audace; mais les souverains s'en émurent comme d'une usurpation.

C'est alors, Messieurs, que fut édictée par Arcadius et Honorius une loi qui témoigne à la fois de l'outrecuidance des fonctionnaires et des riches, et de la détresse de ceux qui n'étaient les maîtres de l'empire que de nom.

Cette loi est de 398. Elle interdit aux magistrats soit d'accepter pour eux-mêmes, soit de tolérer pour autrui l'érection de statues d'airain, de marbre, d'argent ou d'or, sans l'autorisation impériale. Elle qualifie d'infâme une telle usurpation, soit qu'on ait recherché l'honneur de la statue par amour de l'adulation, soit qu'on ait cédé par faiblesse au désir de plaire à l'ambition d'autrui, et, dans l'un et l'autre cas, elle condamne le magistrat à la destitution et à une réparation pécuniaire envers le trésor [2].

[1] L'ostentation avec laquelle les hauts fonctionnaires multipliaient dans l'empire la reproduction de leur image est attestée par une loi d'Arcadius, qui, en 399, frappe de la relégation à l'île de Chypre, de confiscation de ses biens et de dégradation civique, à raison de divers crimes, et notamment de celui de lèse-majesté, Eutrope, qui occupait la haute charge de *præpositus sacri cubili*. L'empereur ordonne que dans toutes les villes, bourgs et localités de l'empire, on brise les simulacres d'airain, de marbre ou de toute autre matière qu'il se sera fait ériger. Honorius et Arcadius AA. Théodore V, consul. (An 399.)

On peut voir aussi St Jean Chrysostome, *homilia in Eutropio*, t. VIII.

[2] « Si quis judicum aeneas, vel argenteas, vel marmoreas

Deux faits sont constatés par cette loi : — le premier,
c'est que les empereurs, quelque jaloux qu'ils fussent
des honneurs de l'image, l'accordaient cependant parfois
à des citoyens illustres, en récompense de leurs services;
— le second, c'est que la vanité des gens riches avait
fait, relativement à la distinction des statues, exactement
ce que l'on reproché de nos jours aux gens qui prennent
sans pudeur et sans droit des particules et des titres de
noblesse. C'est pour empêcher ce scandale, trop souvent
favorisé par la complaisance des magistrats eux-mêmes,
qu'Arcadius et Honorius édictèrent cette loi, destinée à
la fois à moraliser les amours-propres et à réserver au
souverain le monopole des hautes distinctions.

Cependant, Messieurs, ces faibles empereurs ne purent
comprimer cet essor des vanités privées qu'à la condition de faire, au même point de vue, des concessions
pour leur propre compte. Le prestige de leur pouvoir dé-
clinait trop, pour que leurs statues pussent en conserver
un. Ils le sentirent, et se résignèrent à permettre des
choses qui, dans l'ancien temps, eussent été qualifiées de
quasi-sacrilèges.

C'est à l'occasion d'un fait particulier que fut édictée,
en termes généraux, une loi qui me paraît avoir profon-

statuas extrà imperiale beneficium in administratione positus, detegetur :
emolumenta quæ accepit in eà positus dignitate quam polluit, cum ex-
tortis titulis vel præsumptis in quadruplum, fisco nostro inferat : simul-
que noverit existimationis suæ pœnam se subiturum. Nec eos sanè à periculo pudoris haberi volumus immunes, qui adulandi studio, aut metu
inconstantis ignaviæ transire quæ sunt interdicta, tentaverint. » Arcadius et Honorius AA., à Théodore, préfet du prétoire. — L. 4 au Code,
lib. 1, tit. 24, de statuis et imaginibus.

dément modifié le caractère sacré attribué par les lois antérieures à la statue du prince.

C'était en l'année 406. Divers édifices menaçaient ruine à Constantinople; il fallait absolument les restaurer. Mais un obstacle sérieux s'opposait à l'exécution de cette mesure édilitaire. Il y avait là des statues impériales qui gênaient, et l'on ne pouvait reconstruire sans les enlever. Emilien, préfet du prétoire, se trouva fort embarrassé. Il se souciait peu d'encourir les peines portées par les lois 4, 5, 6 et 7 au Code, *ad legem Juliam majestatem*, d'après lesquelles les statues impériales ne pouvaient être changées de place, même temporairement, sans crime de lèse-majesté [1]. Il hésitait d'autant plus, que l'empereur s'était montré très-sévère sur ce chapitre, et l'avait bien prouvé deux ans auparavant, en 404, en frappant d'exil saint Jean Chrysostome pour avoir fait le procès du caractère sacré attribué à la statue d'Eudoxie. Il en référa donc prudemment à l'empereur, qui, comprenant après tout que le prestige lui-même trouve sa condamnation dans ses propres excès, consentit non-seulement à permettre au préfet du prétoire la mesure particulière qu'il proposait, mais encore à décider en principe qu'à l'avenir on pourrait, en cas d'urgence, déplacer les statues impériales sans même avoir besoin d'en référer au prince : « Lorsque l'on aura besoin de réparer ou » de reconstruire un portique, ou des édifices menaçant » ruine, dit cette loi, on pourra, même sans consulter » notre clémence, mais toutefois en observant le respect » qui nous est dû, déplacer nos statues et celles de nos

[1] Tacite, Annales, lib. i.

» prédécesseurs, pourvu qu'on les remette à leur place
» après la réparation de l'édifice [1]. »

C'était déjà un premier pas fait vers l'abdication de
cette divinité officielle usurpée par les empereurs païens
et politiquement entretenue par leurs successeurs chrétiens. Cette première bonne résolution prise, il ne restait
plus qu'un degré du piédestal à descendre pour en finir
avec un culte condamné par la religion dominante. C'est
ce que fit Théodose le Jeune dans un rescrit de l'an 425,
qui donne enfin pleine satisfaction aux Pères de l'Eglise
et à l'opinion publique :

« Lorsque, suivant l'usage, l'on érigera nos statues
» ou images soit aux jours de fête, soit aux jours ordi-
» naires, le magistrat qui y assistera devra s'abstenir
» du faste ambitieux de l'adoration de notre image. Sa
» seule présence suffira pour servir d'ornement au jour,
» au lieu et à notre souvenir. Nous voulons aussi que nos
» simulacres, lorsqu'ils seront exposés aux jeux publics,
» *proposita ludis*, ne soient l'objet d'aucune manifestation
» religieuse. L'émulation des concurrents et le respect
» des assistants seront un suffisant hommage à Notre
» Majesté. Tout culte dépassant ces limites doit être ré-
» servé à une majesté supérieure à celle des puissants
» de la terre [2]. »

---

[1] « Si quandò usus exegerit vel porticus vel quaslibet ædes ætatis
senio seu fortuitis concussas casibus reparari, liceat etiam inconsultâ cle-
mentiâ nostrâ cum reverentiâ sui, imaginem deponere vel nostram, vel
retro principum, reportatamque post refecta ædificia loco proprio de-
nuo collocare. » Arcadius et Honorius AA., à Emilien, préfet du prétoire
(an 406). L. 15 au Code, lib. VIII, tit. 12, *de operibus publicis*.

[2] « Si quandò nostræ statuæ, vel imagines, eriguntur, seu diebus

Cette loi est d'autant plus remarquable qu'elle fut édictée pour l'Orient, où le pouvoir des Césars était encore entouré de ces signes extérieurs d'adulation reproduits en formules si bizarres dans le langage de la cour de Byzance. Si, en effet, à Constantinople, les empereurs n'évitaient à leurs statues la critique de l'opinion qu'en consentant à les dépouiller du prestige de la divinité, qu'était-ce donc en Occident, où les hautes positions d'un empire expirant étaient envahies par de fiers barbares apportant du Nord l'esprit d'indépendance et de liberté, et trouvant à Rome, dans les enseignements du christianisme, la plus haute expression du sentiment de la dignité humaine? Evidemment, leurs dédains firent tomber les derniers des dieux avant la chute même du trône qui leur servait d'autel, et l'on peut dire qu'en Occident les statues des dieux couronnés étaient tombées dans l'esprit des peuples avant l'invasion qui les livra définitivement à la cupidité des barbares.

CHAPITRE IV.

DES SÉPULTURES.

Les trois premières parties de ce travail ont été consacrées aux monuments considérés par l'histoire comme

(ut adsolet) festis, sive communibus, adsit judex sine adorationis ambitioso fastigio, ut ornamentum diei, vel loco et nostræ recordationi, sui probet accessisse præsentiam. Ludis quoque simulacra proposita, tantum, in animis concurrentium, mentisque secretis, nostrum numen et laudes vigere demonstret. Excedens cultura hominum dignitatum superno numini reservetur. » L. 1 au Code Théodosien, *de statuis et imaginibus*.

4

revêtus, à des degrés divers, d'un caractère religieux.
Je vous ai raconté la ruine des temples et des autels
païens, consacrés directement au culte des dieux dé-
chus. J'ai expliqué les causes de la destruction des amphithéâtres et des cirques, ces succursales des autels,
où l'on immolait aux dieux des victimes chrétiennes.
Enfin, j'ai fait l'histoire des statues impériales, monuments d'airain, d'argent ou d'or érigés non à la gloire du
souverain, mais à la déification de l'homme. Il me reste
à vous parler, sans sortir du même ordre d'idées, de
certains monuments empreints d'un caractère religieux
populaire à Rome entre tous, c'est-à-dire des sépultures.

Le paganisme, sous quelque forme qu'il se soit pro-
duit dans les temps antiques, quelque monstrueux
qu'aient été ses dieux, ses rites et son sensualisme, a
toujours conservé au nombre des lueurs projetées par la
tradition biblique un dogme impérissable dans l'humanité parce qu'il est dans la conscience de l'homme, celui
de l'immortalité de l'âme.

Le culte des morts, universel chez les anciens, était
particulièrement à Rome une manifestation de cette
croyance. Chacun le pratiquait, depuis les dévots du
paganisme, qui l'associaient à l'adoration des divinités
infernales, jusqu'aux philosophes, qui, dans la religion
des morts, trouvaient un prétexte de plus à la déification
de l'esprit humain.

Des monuments magnifiques étaient érigés aux morts.
Le marbre en était souvent la matière. L'art y fouillait
profondément des sculptures et des inscriptions qui, par
leur durée, semblaient un symbole de l'immortalité
même. Des libations pieuses versées sur le marbre en
l'honneur des mânes s'y mêlaient au tribut des pleurs.

Le législateur s'était associé au sentiment général pour attribuer à la demeure des morts le double caractère de la religion et de l'inviolabilité. Les sépultures avaient, au point de vue du culte, un caractère propre. De même que les monuments érigés aux dieux portaient le nom de *res divinæ*, elles étaient désignées par les lois sous une appellation spéciale, mais presque équivalente, celle de *res religiosæ* [1].

Leur inviolabilité était consacrée par des lois qui, pour mieux vénérer les morts, ne craignaient pas d'aller jusqu'à entraver le droit le plus respecté parmi les vieux Romains, celui de propriété. Dès qu'une tombe s'ouvrait sur le champ d'un particulier avec son assentiment, l'espace couvert par le monument funèbre devenait l'imprescriptible propriété du mort. Le maître du sol, entièrement dessaisi, ne pouvait ni vendre, ni donner, ni léguer, ni hypothéquer ce sol désormais acquis au monde inconnu [2]. Le véritable maître était une ombre;

[1] De religiosis et sumptibus funerum. L. 1 au Code, liv. III, tit. 44. — Caius 2, inst. 4. — Inst. Justinien, lib. II, tit. 1; Paul, frag. 40, *de religiosis*. — Ulpien, frag. 2, *de relig.*

[2] « Invito vel ignorante te ab alio illatum corpus in puram possessionem tuam, vel lapidem, locum religiosum facere non potest. Sin autem voluntate tuâ mortuum aliquis in locum tuum intulerit, religiosus iste efficitur. Quo facto monumentum neque venire, neque obligari à quoquam prohibente juris religione posse, in dubium non venit. » — Antonin à Hilarion, sous le consulat d'Aquilinus II et d'Anulinus.— L. 2 au Code, *de religiosis*, etc., lib. III, tit. 44.

« Si monumenta corpus filiæ tuæ intulisti, religiosum id fecisti. Quo facto obligari à quoquam prohibente juris religione, non posse, in dubium non venit. » Antonin à Restitutus, consulat de Lœtus et Cereal. L. 5 au Code, l. VIII, tit. 17, *quæ res pignorari obligari possunt*.

« Monumenta quidem legari non posse manifestum est : jus autem

tout titre expirait au seuil de ce lieu mystérieux autour
duquel voltigeait son essence immortelle. La perpétuité
de son droit funèbre était faite, par la loi, à l'image de la
perpétuité de son être.

Les sépultures ne pouvaient ouvrir au profit des vivants qu'un seul droit; encore ne commençait-il pour
eux qu'à l'heure où tout finit. Il arrivait souvent qu'un
citoyen érigeât sur son sol un monument dit sépulture
de famille. Une inscription lapidaire[1] ou une disposition
testamentaire consacrait l'édifice et le sol à cette destination pieuse. A partir de ce moment, il était sous le
séquestre du monde invisible et n'appartenait plus à personne. Les héritiers ne pouvaient le lotir en partage[2]; il

mortuum inferendi, legare nemo prohibetur. » Dioclétien et Maximien
à Tatianus, sous le consulat de Maxime et Aquilin. L. 14 au Code, lib. VI,
tit. 57, de legatis.

« Locum quidem religiosum distrahi non posse manifestum est. Verum agrum purum monumento cohœrentem profani juris esse, ideoque
efficaciter venundari non est opinionis incertæ. » Philippe à Faustine,
sous le consulat de Titien. L. 9 au Code, lib. III, tit. 44, de religiosis, etc.

[1] L. 5 au Code, lib. III, tit. 44, de religiosis, etc.

[2] « Si sepulcrum monumenti appellatione significas, scire debes,
jure dominii id nullum vindicare posse : sed si familiare fuit, jus ad
omnes hœredes pertinere, nec divisione ad unum hœredem redigi po-
tuisse. Profana tamen loca quæ circà id sunt, si semper vicinis œdificiis
usui hominum destinatis cesserunt, ejus sunt, cui illa quorum partes
esse visæ sunt, ex divisione obtigerunt. » Alexandre à Lucien, sous le
consulat de Maxime et d'OElien. L. 4 au Code, lib. III, tit. 44, de religiosis, etc.

« Jus familiarium sepulcrorum ad adfines seu proximos cognatos,
non hœredes institutos minimè pertinet. » Philippe à Julia, sous le consulat de Peregrin et d'OEmilien. L. 8 au Code, lib. III, tit. 44, de religiosis, etc.

restait immobile et inviolable au milieu de l'héritage que
se partageait la famille. Les héritiers n'avaient qu'un
droit, indivis entre tous, celui d'y trouver une dernière
demeure.

Le principe de l'inviolabilité de la sépulture était
poussé à ce point que le cas de force majeure ne suffisait
pas toujours pour motiver la translation d'un monument
funèbre. L'autorisation du magistrat était indispensable
pour que le père de famille pût, sur son propre terrain,
transporter la sépulture de son fils à quelques pas du
lieu primitif. Une loi d'Antonin Caracalla, en date de 214,
exige, en ce cas, l'assentiment du préfet de la province,
alors même que l'urne funéraire qui contient des cendres
chères est menacée par l'inondation d'un fleuve, par un
éboulement ou par toute autre catastrophe irrésistible [1].
Il existe dans le Recueil des inscriptions (*Corpus inscriptionum*) une formule fort curieuse de la requête que le
père de famille devait, en cette occurrence, adresser au
préfet [2].

---

[1] « Si vi fluminis reliquiæ filii tui continguntur, vel alia justa et ne-
cessaria causa intervenit, existimatione rectoris provinciæ transferre eas
in alium locum poteris. » Antonio Caracalla Auguste à Dorita, sous le
consulat de Balbin. L. 4 au Code, lib. III, tit. 44, *de religiosis*, etc.

[2] « Cum ante hos dies conjugem et filium amiserim, et pressus necessitate corpora eorum fictili sarcophago commendaverim doniquàm (*sic*)
locus quem emeram ædificaretur, flaminia inter miliar. II et III eunti-
bus ab urbi parte læva custodia monumenti Sta. Thumeles A. Mesolo M.
Seliorcili, rogo, domine, permittas mihi in eodem loco marmoreo sarcophago quem mihi modo comparavi ea corpora colligere ut quandoque
ego ess, desier, pariter cum eis ponar. » — Suit le rescrit ou la permission octroyée : « Feretrum fieri placet. Eubentius Celsus promagister
subscripsi III non. novemb. Antio Pollone et Opimiamo coss. ordinariis,
Severo et Jubiniano coss. » — *In Corpore inscriptionum*, p. 607.

Inviolable, la sépulture était en outre entourée par la
loi de toute la faveur qui s'attache à l'objet d'un culte.
Les empereurs accordaient à la mémoire des défunts un
hommage interdit le plus souvent à la vanité des vivants.
On sait combien les Césars étaient jaloux de l'honneur
attaché à la reproduction publique de l'image humaine
par la sculpture. Ils ne la toléraient pas volontiers au
profit des célébrités vivantes, ils la permettaient sans
réserve même au profit des médiocrités défuntes. Un
rescrit de Gordien maintient à tous le droit d'orner les
tombeaux et de les surmonter de la statue du mort [1].

La loi concourait donc avec les mœurs et avec le
dogme païen à conférer des honneurs religieux à la dépouille humaine, et une sorte de culte à son essence
immortelle. Aussi considérait-elle comme voisin du sacrilége, *proximum sacrilegio* [2], tout acte de violence ou de
spoliation accompli sur des monuments funèbres.

La peine infligée originairement à ce crime, *pœna manium vindex*, atteignait les limites extrêmes de la sévérité : c'était la peine du sacrilége, c'est-à-dire tantôt la
mort, tantôt les mines ou l'exil [3]. Le législateur consi-

---

[1] « Statuas sepulcro superimponere, vel monumento quod à te ex-
tructum profiteris, ornamenta quæ putas superaddere non prohiberis :
cum jure suo eorum quæ minus prohibita sunt, unicuique facultas libera
non denegetur. » Gordien A. à Claudius, sous le consulat de Pompéien.
L. 7 au Code, lib. III, tit. 44, *de religiosis*, etc.

[2] « Cùm... proximum sacrilegio majores nostri semper habuerint. »
Julien au peuple, sous le consulat de Salluste. L. 5 au Code, lib. IX,
tit. 19, *de sepulcro violato*.

[3] « Rei sepulcrorum violatorum si corpora ista extraxerint vel ossa
eruerint, humilioris quidem fortunæ summo supplicio afficiuntur : ho-

dère toujours comme le plus abominable des crimes celui
qui est le plus antipathique aux mœurs de son temps,
et, dans les premières ferveurs de la religion des mânes,
la violation des tombeaux était en fait le plus rare,
comme en moralité le plus inouï des crimes. Pour briser
à ce point le frein de l'opinion, il fallait être un grand
scélérat. La peine de mort, dans les premiers temps,
ne blessait donc aucune répugnance.

Mais les sanctions draconiennes vivent peu ; leur ri-
gueur même les frappe d'inefficacité et les menace de la
désuétude. Il vient un temps, dans une société, où le
relâchement des mœurs et le libre essor de la pensée
font des dissolus et des esprits forts. Dans cet état de la
société, le prestige religieux ne protége plus que faible-
ment les choses saintes contre les haines et les cupidités.
Tel fut le sort des monuments funéraires qui, compromis
par leur somptuosité même, cessèrent de trouver dans
leur caractère et dans la justice des tribunaux la sauve-
garde promise par la loi [1]. L'exemple des dévastations

nestiores in insulam deportantur : alii autem relegantur aut in metallum
damnantur. » Paul sur la loi II, *de sepulcro violato.*

« Diligenter legum veterum conditores prospexerunt miseris et post
fata mortalibus, eorum qui sepulcra violassent, capita persequendo. —
Servos colonosque in hoc facinore deprehensos duci protinus ad tor-
menta convenit, si de sua tantum temeritate confessi, luant commissa
sanguine suo, si dominos inter supplicia nullo interrogante nexuerint,
pariter puniantur. Ingenui quoque quos similis præsumptio reos fecerit,
si fortasse plebeii et nullarum fuerint facultatum, pœnas morte persol-
vant : splendidiores autem, vel dignitatibus moti, bonorum suorum
medietate multati perpetuâ notentur infamiâ. » Valentinien, novella,
de sepulcris, 5.

[1] Certains jurisconsultes semblaient même venir en aide aux délin-
quants, et chercher à amoindrir leur responsabilité. Paul allait jusqu'à

partit même de ceux qui avaient mission de faire exé-
cuter les lois. Les Verrès de la république avaient fait
souche d'une frauduleuse lignée. Au dire de Juvénal [1],
ils infestaient l'empire. Les statues, les marbres, les
porphyres étaient souvent ravis aux sépultures des
familles pour servir à l'ornement du palais d'un puis-
sant du jour. L'exemple venu d'en haut, c'est la conta-
gion. La spoliation des tombeaux, rare jadis, devint commune. Le propriétaire du champ trouvait dans la
profanation du sépulcre le triple avantage de recon-
quérir son sol, d'orner sa villa des dépouilles du mort,
ou même d'en faire marchandise. La spéculation s'en
mêla, et l'on vit des industriels chercher dans la spoliation des tombeaux les éléments d'un détestable commerce [2].

Pour mettre un terme à ces scandales, Gordien le
Jeune édicta, en 241, une loi répressive. Il interdit de
dérober, d'acheter et de vendre les choses consacrées à
la religion des morts, et donne à ces infractions la qualification de crime de lèse-religion [3]. Ce crime, quant à sa

distinguer entre le sépulcre et la statue du mort. Si l'on dévastait le sépulcre, on était tenu de la peine portée contre le violateur des tombeaux;
mais si l'on se bornait à briser à coups de pierre la statue du mort, on
n'encourait qu'une action privée pour injures : « Si statua patris tui in
monumento posita saxis cœsa est, sepulcri violati agi non posse, inju-
riarum posse Labeo scribit. » Paul, libro xxvii, *ad edictum* V, au Digeste, lib. xlvii, tit. x, loi 27.

[1] Juvénal, satire 8.
[2] L. 2, 5 et 4 au Code Théod., *de sepulcro violato.*
[3] « Res religioni destinatas, quinimò jam religionis effectas, scientes,
qui contigerint, et emere, et distrahere non dubitaverint, tametsi jure
venditio non subsistat, læsæ tamen religionis inciderunt in crimen. »

gravité morale et quant à ses conséquences pénales, dut tenir le milieu entre le sacrilége, puni de mort, et le vol, simplement réprimé par l'amende; il prit le nom de *quasi-sacrilége*. Son auteur encourait les mines ou la relégation, suivant les circonstances. Le civilement responsable, assimilé en quelque sorte au délinquant lui-même, était exposé à une amende de 20 livres d'or et à certaines confiscations [1].

Cette loi put être efficace pendant les années qui s'écoulèrent avant l'avénement de Constantin. Mais lorsque la conversion de ce prince devint le signal d'une révolution religieuse, lorsque les temples et les monuments voués aux divinités païennes commencèrent à tomber avec l'assentiment impérial, les malfaiteurs, toujours prêts à profiter des temps de convulsions sociales pour se livrer au pillage, se ruèrent sur les propriétés particulières et y accomplirent des déprédations dont Libanius accusait à tort les véritables chrétiens.

Toutefois nous ne prétendons pas dire que les chrétiens aient été complétement étrangers à la destruction des sépultures païennes; car, si toute pensée de spéculation et de pillage est inadmissible chez eux, il est incontestable du moins qu'ils étaient animés d'une haine pro-

---

L. 1 au Code, *de sepulcro violato*, Gordiano A., Sabino II et Venusto coss. (241).

[1] « Si servus in demoliendis sepulcris fuerit deprehensus, si id sine domini scientiâ faciat, metallo addicatur : sin vero domini auctoritate, vel jussione urgetur, relegatione plectatur. Et si fortè detractum aliquid de sepulcro ad domum ejus villamque provectum reperitur, villa, sive domus, aut ædificium quodcunque erit, fisci juribus vindicetur. » Constantio A., Acyndino et Proculo coss. (an 340).

fonde pour tout ce qui portait le signe du paganisme. Or, il n'était pas un des temples, pas un des bois sacrés condamnés par la foi nouvelle dans le voisinage duquel ne se trouvassent des mausolées portant une invocation aux dieux infernaux, un signe représentant leur culte, et des images mythologiques. Il est donc clair que, lorsque, sous Constantin et sous ses successeurs, une troupe de chrétiens se portait sur un temple ou sur un bois sacré, les tombeaux n'étaient pas plus épargnés que ce bois sacré et ce temple.

La situation devenait donc toute nouvelle. La violation des tombeaux prenait, sur certains points de l'empire, un caractère qui imposait aux magistrats les plus grands ménagements dans l'application des lois répressives. Les lois anciennes étaient dangereuses, car il était à craindre, en faisant usage de leurs rigueurs, de confondre avec un malfaiteur vulgaire un homme entraîné par un zèle regrettable dans ses conséquences, mais respectable dans son mobile. D'un autre côté, on ne pouvait, sans les plus graves inconvénients, tolérer des actes qui, frappant les païens par le point le plus sensible, devaient les rendre à jamais irréconciliables. Constant entreprit de surmonter cette difficulté, et crut y parvenir en réduisant à une simple amende la peine encourue par les violateurs des sépulcres. Cette loi, en date de 349, est conçue en ces termes :

« Nous réduisons à la peine de l'amende la répression » d'un fait autrefois puni de mort, et nous entendons » donner un caractère rétroactif à cette mesure, desti- » née cependant à réprimer les infractions à venir. Tous » ceux donc qui, depuis le consulat de Dalmatius et de

» Zénophyle (c'est-à-dire depuis l'an 333), auront ravi
» aux monuments funèbres leurs colonnes ou leurs mar-
» bres, ou en auront démoli les pierres pour les faire
» cuire et les transformer en chaux, payeront au fisc (et
» nous nous en rapportons à ta prudence pour juger de
» l'opportunité des poursuites) une livre d'or par chaque
» sépulcre qu'ils auront violé. La même peine sera en-
» courue par ceux qui auront dispersé les pierres d'un
» de ces monuments ou l'auront dégradé. Il en sera de
» même du propriétaire d'un champ dans lequel se
» trouve un sépulcre, et qui en aura vendu les pierres à
» un marchand de chaux, et de celui qui aura eu l'audace
» de les lui acheter; car tout ce qui est hors du commerce
» ne peut y être mis sans que cette infraction soit expiée
» par son auteur..... — Si quelqu'un, craignant d'être
» poursuivi, enfouit dans le sol les débris du monument
» qu'il a détruit, et n'en fait pas, dans un délai imparti,
» la confession à Ton Excellence, il devra payer 2 livres
» d'or au lieu d'une. Les pénalités ci-dessus ne doivent
» point être infligées à ceux qui, dans le but de restau-
» rer des sépultures, auraient obtenu des pontifes l'au-
» torisation d'en mettre à terre les matériaux, pourvu
» qu'en réalité ils procèdent à cette restauration. Mais si,
» au contraire, ils ont abusé de la permission pontificale
» et ont employé ces matériaux à un autre usage, ils
» devront être punis. Ton Altesse devra s'entendre avec
» les magistrats des provinces et les pontifes de Rome
» pour aviser aux réparations qu'il peut y avoir à faire
» aux monuments funèbres. Lorsque cette restauration
» aura été faite, la peine sera de 20 livres d'or pour
» toute personne qui viendrait y porter la main. Si les
» juges négligent de punir ces actes, ils seront con-

» damnés à la peine infligée aux violateurs des tom-
» beaux [1]. »

Cette loi, Messieurs, est fort curieuse au point de vue
historique, car elle prouve que, pendant les seize années
qui s'étaient écoulées depuis le consulat de Dalmatius et

---

[1] Constant à Limenius, préfet du prétoire : « Factum, solitum sanguine vindicari, multæ inflictione corrigimus : atque ità supplicium statuimus in futurum, ut nec ille absit à pœnâ, qui ante commisit. Universi
itaque qui de monumentis columnas, vel marmora abstulerunt, vel
coquendæ calcis gratiâ lapides dejecerunt, ex consulatu scilicet Dalmatii
et Zenophili, singulas libras auri per singula sepulcra fisci rationibus
inferant, investigati per prudentiæ tuæ judicium. Eâdem etiam pœnâ,
qui dissiparunt, vel ornatum minuerunt, teneantur : et qui posita in
agris suis monumenta calcis coctoribus vendiderunt, unà cum his qui
ausi sunt comparare : quidquid enim adtingi nefas est, non sine pia-
culo comparatur : sed ità, ut ab utroque una libra postuletur. Sed si et
præcepto judicum monumenta dejecta sunt, ne sub specie publicæ fabri-
cationis pœna vitetur, eosdem judices jubemus hanc multam agnoscere :
nam ex vectigalibus, vel aliis titulis ædificare debuerunt. Quod si aliquis multam metuens, sepulcri ruinas terræ congestione celaverit, et
non intra statutum ab excellentiâ tuâ tempus confessus sit, ab alio pro-
ditus duas auri libras cogatur inferre. Qui verò libellis datis à pontificibus impetraverunt, ut reparationis gratiâ labentia sepulcra depone-
rent, si verò docuerunt, ab inlatione multæ separentur. At si in usum
alium depositis abusi sunt, teneantur pœnâ præscriptâ. Hoc in poste-
rum observando, ut in provinciis, locorum judices, in urbe Româ cum
pontificibus tua celsitudo inspiciat, si per sarturas succurrendum sit ali-
cui monumento : ut ita demùm datâ licentiâ tempus etiam consummando
operi statuatur. Quòd si aliquis contra sanctionem clementiæ nostræ
sepulcrum læsurus attigerit, viginti libras auri largitionibus nostris
cogatur inferre. Locorum autem judices, si hæc observare neglexerint,
non minùs nota, quàm statuta in sepulcrorum violatores pœna grasse-
tur. » L. 2 au Code Théod. Constante A., Limenio et Catullino coss.
(an 349).

de Zénophyle, une immense dévastation s'était appesantie sur les sépultures païennes. Elle s'était exercée sur une si grande échelle, que, pour mettre ordre à ce désastre, l'empereur jugeait nécessaire non-seulement d'édicter une loi répressive, mais encore de prendre une mesure administrative générale tendant à la restauration de ces monuments mutilés. On trouve également dans la modération de la peine infligée une preuve que les dévastations qu'on voulait réprimer par voie rétroactive avaient au nombre de leurs auteurs des hommes envers lesquels on entendait user des plus grands ménagements possibles. En n'infligeant à chacun d'eux qu'une livre d'or par chaque monument détruit, il est clair qu'on ne voulait punir que juste assez pour enlever aux païens tout prétexte de récriminations. En un mot, on faisait acte de nécessité politique, en laissant dormir temporairement les anciennes rigueurs, sauf à les faire revivre, dans le cas où de nouveaux excès viendraient à les rendre nécessaires.

Ce retour aux lois primitives fut le fait de Constance, qui édicta, en 357, deux lois fort remarquables sur la violation des sépultures.

Je dis que ces lois sont remarquables, car elles sont conçues en des termes tels, qu'évidemment Constance a voulu entièrement réserver la question religieuse. La sanction sévère que font revivre ces textes ne s'applique pas, en effet, à ceux qui, entraînés par le zèle ou par la passion, se porteraient à quelque outrage envers un monument funéraire. De ceux-là Constance ne dit rien; il n'a en vue que les industriels qui, dans ces temps de troubles, profitaient des querelles religieuses pour se livrer à des déprédations. Ceux-là, il fait revivre contre eux la peine la plus sévère : l'expiation par le sang.

« Nous apprenons qu'il est des gens qui, dans un
» esprit de lucre et de cupidité, renversent les sépulcres
» et en transportent chez eux les matériaux pour bâtir.
» Ceux qui seront convaincus de ce crime seront punis
» conformément aux lois anciennes[1]. »

Voici la seconde loi, en date de la même année[2] :

« Ceux qui violent les tombeaux, violent, si je puis
» m'exprimer ainsi, les maisons des morts. C'est être
» deux fois criminel; car, d'une part, c'est dépouiller les
» morts que détruire leurs tombeaux, et, d'autre part,
» c'est spolier les vivants qu'employer à bâtir les maté-
» riaux arrachés aux sépultures. Si donc quelqu'un en-
» lève d'une tombe des pierres, des marbres, des colon-
» nes ou tous autres matériaux, soit pour les employer
» à bâtir, soit pour les vendre, ce coupable sera con-
» damné à payer au fisc 10 livres d'or, soit que la plainte

---

[1] « Quosdam comperimus, *lucri nimium cupidos*, sepulcra subver-
tere, et substantiam fabricandi ad proprias œdes transferre, hi, detecto
scelere, animadversionem priscis legibus definitam subire debebunt. »
L. 3 au Code Théod., *de sepulcro violato.* Constantio A. et Juliano Cæsare
(an 357).

[2] « Qui œdificia manium violant, *domus* (ut ita dixerim) *defunctorum,*
geminum videntur facinus perpetrare : nam et sepultos spoliant, des-
truendo, et vivos polluunt, fabricando. Si quis igitur de sepulcro
abstulerit saxa, vel marmora, vel columnas, aliamve quamcunque
materiam, fabricæ gratia, sive id fecerit venditurus, decem pondo auri
cogatur inferre fisco : sive quis propria sepulcra defendens, hanc in
judicium querelam detulerit, sive quicunque alius accusaverit, vel
officium nuntiaverit. Quæ pœna priscæ severitati accidit : nihil enim
derogatum est illi supplicio, quod sepulcra violantibus videtur imposi-
tum. Huic autem pœnæ subjacebunt, et qui corpora sepulta, aut
reliquias contreclaverint. » L. 4 au Code Théod., *de sepulcro violato.*
Constantio A. et Juliano Cæsar (an 357).

» ait été portée par la famille à la sépulture de laquelle
» est affecté le monument, soit qu'elle émane d'un tiers,
» soit enfin que la poursuite ait lieu d'office par le ma-
» gistrat. Cette peine pécuniaire sera sans préjudice
» de celles encourues aux termes rigoureux des lois an-
» ciennes. Il n'est, en effet, dérogé en rien aux supplices
» qui, d'après elles, sont infligés au violateur d'un sé-
» pulcre. Les mêmes peines sont encourues par celui
» qui profanerait les restes d'un mort. »

Il résulte clairement de ces deux lois que Constance
n'entend frapper ici que les voleurs des tombeaux, et
laisse le bénéfice de la loi de son frère à celui qui ne
ferait que dégrader des sépultures sans le mobile de la
cupidité.

Mais il est une autre réflexion que me suggèrent les
trois textes de Constant et de Constance que je viens de
vous citer.

Constant et Constance étaient chrétiens. Comme tous
les chrétiens, ils avaient pour la dépouille mortelle de
l'homme un respect instinctif, développé du reste par la
croyance en la résurrection des corps. A ce titre, ils vou-
laient que la paix du champ des morts ne fût pas trou-
blée; mais ils n'entendaient pas stipuler en faveur du
culte indistinctement accordé par le paganisme à toute
dépouille humaine. Cela est si vrai, qu'il n'y a pas un
seul mot dans leurs textes faisant allusion au caractère
religieux donné aux sépultures par le rite païen, et tandis que la loi de Gordien, citée plus haut [1], répète à
chaque instant avec complaisance, dans ses quatre lignes
de texte, ces expressions: *res religioni destinatas*, *res reli-*

---

[1] L. 1 au Code J. *de sepulcro violato.*

gionis effectas, crimen læsæ religionis, pas une fois le mot *religio* n'est cité dans les textes bien autrement étendus de Constant et de Constance, qui n'ont qu'un but, celui de faire une loi d'ordre public, et de punir civilement un crime civil. Le soin qu'ils prennent de bannir de leurs textes cette expression ou toute autre analogue prouve que, depuis la conversion de Constantin, le culte des morts avait cessé d'être reconnu par les lois, sauf, bien entendu, les honneurs et la vénération publique réservés désormais aux ossements privilégiés des martyrs et des saints.

Et cependant, chose bizarre et digne de remarque! le principal reproche du paganisme aux chrétiens est celui d'adorer les morts. Julien, d'après saint Cyrille, leur reprochait les hommages rendus aux tombeaux de saint Pierre et de saint Paul, et Eunape, faisant allusion à la vénération due aux reliques des saints, leur disait avec toute l'inconséquence de la passion : « Au lieu des dieux » de la pensée, les moines obligent les hommes à adorer » des esclaves de la pire espèce. Ils ramassent et salent » les os et les têtes des malfaiteurs condamnés à mort » pour leurs crimes. Ils les transportent çà et là, les » montrent comme des divinités, s'agenouillent devant » ces reliques, se prosternent à des tombeaux couverts » d'ordures et de poussière. Sont appelés martyrs, mi- » nistres intercesseurs auprès du ciel, ceux-là qui, jadis » esclaves infidèles, ont été battus de verges et portent » sur leurs corps la juste marque de leur infamie. Voilà » les nouveaux dieux de la terre [1]! »

Et c'est ainsi que, par une bizarre inconséquence, les

[1] Eunape, *in Vita Ædesii.*

païens, qui sacrifiaient aux mânes, reprochaient aux chrétiens de pieux témoignages qu'ils ne comprenaient pas, précisément parce qu'ils reposaient sur le plus pur spiritualisme. Aussi saint Augustin disait-il plus tard à la philosophie païenne : « Comment est-il, dites-vous, que
» les chrétiens, tout en prétendant n'adorer qu'un seul
» Dieu, élèvent des temples aux martyrs? Le fait n'est
» pas exact. Notre respect pour les sépulcres des con-
» fesseurs est un hommage rendu à des hommes témoins
» de la vérité jusqu'à mourir. Mais qui jamais entendit
» un prêtre, officiant à l'autel de Dieu sur les cendres
» d'un martyr, prononcer ces mots : Pierre, Paul ou
» Cyprien, je t'offre ce sacrifice '? »

Il y avait donc, au point de vue des sépultures, cette différence entre les païens et les chrétiens, que les premiers accordaient indistinctement un culte à toute dépouille humaine, tandis que les seconds réservaient leur vénération aux reliques de ceux qui s'étaient élevés au-dessus des autres hommes par l'héroïsme de la foi et par la pratique des vertus chrétiennes. Aussi est-il vrai de dire qu'à partir de Constantin, les sépultures, autres que celles des saints, perdirent sinon leur qualification légale de *res religiosæ*, du moins leur prestige antique, et ne furent plus protégées que dans un simple intérêt de bonnes mœurs et d'ordre public.

Mais revenons à l'exécution des lois édictées par Constant et par Constance en 349 et 357. Nous avons dit que le retour aux rigueurs des lois anciennes, ordonné par Constance, n'avait été que relatif et ne s'appliquait, aux termes mêmes du texte de 357, qu'aux spoliateurs et aux

' Saint Augustin, *la Cité de Dieu.*

3

voleurs des tombeaux. La loi de Constant, qui n'infli-
geait qu'une simple amende, continuait donc de subsister
contre ceux qui, sans dessein de cupidité, mais par excès
de zèle, se livraient à des dévastations désintéressées.
C'était un faible frein; il n'enchaîna personne. Trop de
passions étaient en effervescence. Les sépultures chrétiennes et les ossements des martyrs avaient été trop
souvent profanés pour que des souvenirs récents n'appe-
lassent pas des représailles. Les chrétientés de l'Orient
ne résistèrent pas à cet entraînement, et il est impossible
de ne pas reconnaître qu'elles avaient des reproches à
se faire, au point de vue des désordres qu'avait voulu
conjurer Constant, lorsque Julien monta sur le trône.

Son premier soin fut de faire éclater comme la foudre
tous les ressentiments accumulés du paganisme. Il éri-
gea la représaille en loi politique, et ne prit la défense
des sépultures qu'en haine des chrétiens. Sa pensée se
révèle tout entière dans la loi de colère et de sang édictée
en 383. Cette loi se divise en deux parties : la première
fait revivre la religion des mânes au profit de l'incinéra-
tion païenne, *busta defunctorum*, et étend indistinctement
la sanction terrible de la mort à l'entreprise cupide et au
simple outrage; la seconde persécute les chrétiens dans
leurs propres cérémonies funèbres.

Voici la première partie de cette loi :

« L'audace continue, *pergit audacia*, de profaner les
» urnes cinéraires, *busta diem functorum*, et les tertres
» consacrés aux sépultures, *aggeres consecratos*. Elle con-
» tinue, bien que nos anciens aient toujours consi-
» déré comme voisin du sacrilège le fait de remuer les
» pierres funéraires, d'en fouiller le sol, d'en arracher
» les gazons. Il en est de même du fait d'enlever ses

» ornements au monument funéraire. Avisant aux moyens
» d'empêcher le retour de pareils crimes, nous avons
» arrêté que leurs auteurs encourraient la peine venge-
» resse des mânes [1]. »

Cette peine vengeresse des mânes, c'était la mort.

La seconde partie de la loi atteint plus directement
encore les chrétiens.

Le christianisme, Messieurs, avait substitué à l'inci-
nération païenne, dont il avait horreur, et à la sépulture
privée, antipathique à ses idées de fraternité, l'usage
des sarcophages, et la touchante et consolante pratique
de la sépulture commune, à l'ombre du signe vénéré de
la croix. Dans les idées de la foi nouvelle, les familles
n'étaient plus isolées; elles se fondaient dans la grande
communauté catholique, et lorsqu'un chrétien avait
rendu son âme à Dieu, tous ses coreligionnaires formaient
un cortège immense pour conduire le frère décédé à sa
dernière demeure. Tel était l'usage des premiers chrétiens, soit que, dans les temps de triomphe, ils accom-
plissent ce devoir pieux à la lumière du jour, soit qu'aux
époques de persécution, leur foule silencieuse pénétrât
dans les catacombes à la faveur des ombres de la nuit.

C'est en les frappant dans le droit de rendre à leurs
morts ce témoignage de la douleur commune, que Julien

---

[1] « Pergit audacia ad busta diem functorum, et aggeres consecratos :
cùm et lapidem hinc movere, terram sollicitare, et cespitem vellere,
proximum sacrilegio majores semper habuerint :sed ornamenta quidam
tricliniis, aut porticibus auferunt de sepulcris. Quibus primis consulentes, ne in piaculum incidant contaminatâ religione bustorum, hoc
fieri prohibemus, poenâ manium vindice cohibentes. » L. 5 au Code
Théod., de sepulcro violato. Édit de Julien A., Sallustio cons. (an 583).

voulut leur porter le coup le plus sensible. Il interdit les
cortéges nombreux aux obsèques, et défendit d'enterrer
les morts à la lumière du jour. Cette prohibition était si
bien à l'adresse du christianisme, que Justinien, dans
sa refonte des lois impériales, supprima cette partie du
texte de Julien. Voici ce texte :

« En second lieu, nous sommes informés que les cada-
» vres des morts sont conduits à leur sépulture par des
» cortéges nombreux et au milieu d'un concours consi-
» dérable de populations. Un pareil spectacle est d'un
» mauvais augure, *infaustis adspectibus*, pour les yeux
» des hommes. Quel jour peut être favorable, *bene aus-*
» *picatus*, lorsqu'il est témoin de funérailles? Comment,
» en présence d'un pareil spectacle, se rendra-t-on aux
» temples et viendre-t-on adorer les dieux? Dans les fu-
» nérailles, la douleur doit aimer le secret, et peu im-
» porte aux défunts qu'ils soient conduits la nuit ou le
» jour à leur dernière demeure. Il convient donc d'éviter
» au peuple un pareil spectacle; car le véritable deuil
» consiste dans la douleur, et non dans la pompe et l'os-
» tentation des obsèques '. »

Mais ce n'est pas seulement en persécutant les chrétiens dans des usages qui leur étaient chers, que Julien

---

' « Secundùm illud est, quod efferri cognovimus cadavera mortuo-
rum per confertam populi frequentiam et per maximam insistentium den-
sitatem : quod quidem oculos hominum infaustis incestat aspectibus :
qui enim dies est bene auspicatus à funere? aut quomodò ad deos et
templa venietur? Ideòque quoniàm et dolor in exequiis secretum amat,
et diem functis nihil interest, utrumque per noctes aut per dies efferan-
tur, liberari convenit populi totius aspectus, ut dolor esse in funeribus,
non pompa exequium nec ostentatio videatur. » L. 5 au Code Théod., *de*
sepulcro violato. Édit de Julien A., Sallustio consule (an 585).

signala son esprit de réaction et de vengeance. On le vit
bientôt exercer d'exécrables représailles, et donner
l'exemple de la violation d'une loi qui ne pouvait être
équitable qu'à la condition de protéger les sépultures
chrétiennes aussi bien que les cendres des païens. Il me
suffit d'évoquer les souvenirs d'Antioche, de Gaza, d'Ascalon, de Césarée et d'Héliopolis. Les cimetières chrétiens profanés et labourés de fond en comble, les reliques
de saint Babylas jetées au vent, les cadavres des chrétiens déterrés et traînés pêle-mêle avec le corps ensanglanté de leurs défenseurs sur la voie publique [1], sont la
preuve manifeste qu'en menaçant de mort les violateurs
des tombeaux, Julien ne faisait qu'abuser du pouvoir au
profit de ses haines religieuses et de sa partialité philo-
sophique.

Les saturnales du règne de Julien furent courtes
comme ce règne lui-même. Après lui, le christianisme,
redevenu désormais religion de l'Etat, n'eut plus à lutter
que contre des minorités. Le triomphe amortit l'ardeur
des représailles. Saint Grégoire de Nazianze a trop bien
défendu les tombeaux dans ses vers pour que sa parole
évangélique ne les ait pas protégés. Mais le temps n'a pas
besoin du concours de l'homme pour ruiner les monuments érigés par l'industrie humaine. Les souvenirs de
famille s'effacèrent, la propriété du sol changea de mains;
les tombeaux des païens, isolés au milieu des jardins et
des champs occupés par des possesseurs nouveaux, furent abandonnés à l'action du temps, des éléments et
des hommes. On put sans crime s'approprier ces sculp-

[1] Sozomène, lib. v ; — Théodoret, l. ix ; — Grégoire de Nazianze,
Or. 9; — Chrysostome, *Cont. gent.*

tures et ces inscriptions tumulaires, monuments d'orgueil ou d'affection érigés jadis au souvenir perdu d'une
ombre évanouie. Ils jonchaient le sol ; on n'avait plus
qu'à se baisser pour les prendre, et les chrétiens du
v⁰ et du vi⁰ siècle ne dédaignèrent pas d'approprier à
la sépulture de leurs morts les débris des monuments
d'un art entraîné par l'empire dans sa décadence ; c'est
ainsi que l'on retrouve, non sans quelque étonnement,
des sépultures chrétiennes surmontées d'ornements
ou d'inscriptions contrastant par leur caractère païen
avec leur destination même. Nous avons trouvé dans
notre vieille cité un exemple de ce fait remarquable. Je
veux parler du monument connu sous le nom de *Pierre
qui pue* [1].

CHAPITRE V.

DES MONUMENTS D'UTILITÉ PUBLIQUE.

L'intérêt historique de notre sujet va, sinon disparaître, du moins descendre. Nous avons jusqu'ici raconté
la ruine des monuments érigés aux dieux, aux mânes,
aux empereurs. Il ne nous reste plus à vous entretenir
que de la chute des édifices consacrés à l'utilité des mortels, des vivants et des sujets. Mais si l'intérêt cesse d'être
religieux ou politique, il augmente pour nous en ce sens
qu'il devient plus archéologique peut-être, puisque cette
seconde partie de notre étude va nous faire pénétrer plus
intimement dans la vie d'un peuple.

[1] Notice de M. Lecointre-Dupont sur la pierre qui pue (*Mémoires de la
Soc. des antiq. de l'Ouest*, année 1842, p. 65).

La grandeur de la civilisation romaine est un fait dont la notion est si répandue, qu'elle est devenue vulgaire. Elle n'est pas seulement publiée par la tradition et par les livres ; elle nous est, chaque jour, révélée par des témoignages matériels qui, après quinze et dix-huit siècles, parlent encore à nos sens un langage vivant. Assurément, les chefs-d'œuvre de la civilisation moderne nous donnent le droit d'être satisfaits ; nous donnent-ils celui d'être orgueilleux ? Nous avons sans doute appris à maîtriser la vapeur, à dompter la foudre ; mais, à part ces deux conquêtes sur des éléments fougueux devenus dociles, avons-nous rien fondé qui ne fût déjà romain ? Pour être plus ingénieuses, nos conceptions sont-elles plus grandes ? Ne peut-on pas dire au contraire, sans calomnier l'art moderne, que ses œuvres édilitaires ont perdu en majesté et en durée, tout ce qu'elles ont gagné sur l'art romain en industrie et en diversité ?

Nous n'entreprendrons pas, Messieurs, de décrire cette magnifique civilisation qui rayonnait du cœur de Rome jusque dans les provinces les plus reculées de l'empire, élargissant incessamment son cercle d'action, refoulant la barbarie, et s'imposant aux nations sauvages plus encore par ses séductions que par ses armes. C'est de l'histoire, presque de l'épopée, et nous ne sommes qu'archéologues. Il nous suffira, pour atteindre le but plus modeste que nous nous proposons, d'énumérer, avec la rapidité qui convient à une exposition, les grands établissements d'utilité publique dont nous voulons raconter la ruine.

Jetons d'abord les yeux sur les monuments consacrés à la guerre, la guerre, ce premier besoin de Rome, l'origine de sa prospérité, la source de sa puissance, la cause de sa ruine, sa première vertu, sa dernière faute, sa gloire et son opprobre, César et Arcadius.

Et d'abord, Messieurs, si nous nous reportons aux frontières de cet immense empire, nous voyons surgir devant nous une barrière de citadelles, menace d'envahissement, en même temps que défi de surprises. Ce sont, au témoignage d'Ammien Marcellin [1], des tours frontières, *turres limitaneæ*, sur toutes les limites de l'empire, embrassant la Dacie [2], la Thrace [3] d'une part, et de l'autre enserrant l'Allemagne, depuis la source du Rhin jusqu'à l'Océan [4].

Ce sont encore des bourgs, *burgi*, forteresses protégeant et commandant à la fois chacune des villes frontières qu'il importe de mettre sur la défensive [5]. Ces gigantesques constructions, *magnæ moles* [6], étaient appuyées de loin en loin par ces grands établissements propres aux agglomérations militaires que nous appelons camps retranchés, et qui, dans la langue latine, por-

---

[1] « At Valentinianus, magna animo concipiens et utilia, Rhenum omnem a Rhetiorum exordio ad usque fretalem Oceanum *magnis molibus* communiebat, castra extollens altiùs et castella, turresque assiduas per habiles locos et opportunos quà Galliarum extenditur longitudo : nonnunquàm etiam ultrà flumen ædificiis positis subradens barbaros fines. » Ammien Marcellin, lib. 28, p. 592.

[2] L. 15 au Code Théodosien, *de operibus publicis*.

[3] « Severus magnam fossam firmissimumque vallum crebris insuper turribus per 132 millia passuum à mari ad mare duxit. » Paul Diacon, lib. 10.

[4] Ammien Marcellin, lib. 28, p. 592.

[5] Code Théod., *de Burgariis capitolium*. — Procope, *de ædificiis*.

[6] Ammien Marcellin, lib. 28, p. 592.

taient le nom de *castra castella* [1]. L'Itinéraire d'Antonin [2] nous signale de nombreux anneaux de cette chaîne qui gardait le Rhin contre l'invasion des barbares. Les écrivains du temps, Ammien Marcellin, saint Ambroise [3], en parlent avec une ampleur d'expression qui ne peut que correspondre à la grandeur des monuments militaires qu'ils décrivent. Les poëtes eux-mêmes, et particulièrement Sidoine [4], ne les ont pas jugés indignes de leurs chants :

> « . . . . . Celsæ transmittent aera turres
> » Quarum culminibus sedeant, commune micantes
> » Pompa vel auxilium. . . . . »

Ce sont encore sur les bords des fleuves, ou sur les frontières maritimes, les camps des gardes-côtes, *castra ripariensia*, camps analogues aux *castra castella*, et destinés à protéger la circulation fluviale ou maritime [5].

Si des frontières nous nous reportons au cœur de l'empire, nous voyons, dans chaque province, les camps, *stativa castra*, affectés aux grandes concentrations de troupes et peuplés, les uns par la jeune milice, *tirocinia castrensiana*, les autres, *castra veterana*, consacrés aux

---

[1] Code Théodosien, *de re militari*.

[2] *Itinéraire d'Antonin*, p. 107, 108, 114, 150, 155 et 177.

[3] « Latronum quoque caventur incursus, si exploratores in muris, in turribus sint locati, ut desuper spectent plana regionum, in quibus insidiæ latronum latere non possunt. » Ambroise, l. 6 et 9, *de omni generis turribus*.

[4] Sidoine, cap. 23, *de burgo Leontii*.

[5] Code Théodosien, *de re militari*.

vieux soldats à qui vingt années de labeurs militaires ont mérité l'exemption des devoirs les plus pénibles du ser- vice [1].

Que si des campagnes nous pénétrons dans les villes, nous voyons chaque grande cité ceinte de murs, dont la ligne n'est interrompue que pour être fortifiée par des tours menaçant l'extérieur [2]. A l'intérieur des cités sont les casernes, *mansiones*, les unes attenant au palais im- périal et consacrées à la milice du sacré palais, *milites palatini* [3]; les autres dépendant du domaine de la muni- cipalité et affectées au logement de la milice gardienne de la ville, *legiones comitatenses* [4]; les autres destinées aux soldats préposés à la garde des possessions divines [5] (on appelait ainsi, par un singulier abus des mots, tout ce qui appartenait au fisc); d'autres enfin consacrées aux soldats chargés de la garde du domaine privé, *possessiones patrimoniales* [6].

Chaque province avait son grand arsenal militaire, où de nombreux ouvriers, *fabricenses* [7], soumis à une orga- nisation militaire, enrôlés à perpétuité, eux et leur géné- ration, marqués par le fer et le feu [8], comme les soldats

[1] Code Théodosien, *de re militari.* — *Id.*, l. 4, *de erogatione annonæ militaris.*

[2] Code Théodosien, *de operibus publicis*, l. 51. — Id. *de metalis*, l. 13.

[3] Code Théodosien, *de re militari*, l. 14.

[4] Code Théodosien, *de re militari*, l. 14.

[5] Code Justinien, *de re militari*, l. 14.

[6] Code Justinien, *de re militari*, l. 14.

[7] Code Théodosien, *de fabricensibus.* — Lois 12, 14, 16, 18, 51, 57 et 156 au Code Théodosien, *de decurionibus.*

[8] « Stigmata, hoc est nota publica, fabricensium brachiis, ad imi- tationem tironum infligantur, ut hoc saltem modo possint latitantes

de recrue, d'un signe uniforme, étaient condamnés de père en fils à frapper l'enclume pour la gloire de la patrie. Ces fabriciens, dirigés par un primicier, *primicerius*, trouvaient dans de nombreux priviléges une compensation à l'esclavage héréditaire auquel les vouait l'intérêt de la gloire nationale. Leur primicier [1] avait, tous les deux ans, accès auprès de la personne de l'empereur. Eux-mêmes étaient exempts de l'impôt, du logement militaire et de la contribution aux prestations ou charges pesant sur la généralité des citoyens [2].

À côté des arsenaux militaires, d'autres grands établissements répondaient à des besoins non moins impérieux pour l'armée. Je parlerai d'abord des greniers fiscaux, *horrea fiscalia* [3], immenses magasins officiels établis soit près des camps, soit dans les villes, soit dans les ports. C'est là que se concentraient, par les soins de l'*exactor militaris annonæ*, les prestations en grains imposées aux habitants de chaque localité, et particulièrement aux municipalités curiales, pour la subsistance des

agnosci..... » Arcadius et Honorius à Osius, *magister officiorum*. L. 5 au Code Justinien, *de fabricensibus*.

[1] « Primicerium fabricæ post biennium non solum vacatione, verumtamen honore donari præcipimus : ita ut inter protectores (ejusdem fabricæ per biennium) adoraturus æternitatem nostram suo quisque tempore dirigatur. » L. 2 au Code Justinien, *de fabricensibus*.

[2] Loi 6 au Code Justinien, *de fabricensibus*. — Lois 14, 16, 18, 51, 57 et 156 au Code Théodosien, *de decurionibus*.

[3] L. 5 au Code Justinien, *de erogatione militaris annonæ*. — L. 12 au Code Théod., *de operibus publicis*; — lois 4, 17, 55 et 67 au Code Théod., *de condilis in publicis horreis*. — L. 55 au Code Théod., *de naviculariis*. — L. 7 au Code Théod., *de naufragiis*.

soldats réunis dans les camps voisins, *in castris vicinio-ribus* [1].

Enfin, Messieurs, il existait dans chaque province de grands ateliers où se confectionnaient les vêtements de l'armée. Ces ateliers, appelés gynécées, *gyneceæ* [2], appartenaient au domaine privé, aussi bien que les nombreux ouvriers esclaves, *mancipia*, des deux sexes qui les peuplaient. Ces ouvriers, connus sous la dénomination générale de gynéciaires, *gyneciarii*, formaient des corporations ou colléges distincts, suivant le métier qui leur était propre. Je citerai la corporation des tisserands, *linteones* [3]; des tisseurs de laine, *lynifi* [4]; des blanchisseurs, *lympharii* [5], tous attachés à leur profession comme par un lien de fer, et ne pouvant s'y soustraire sans des peines graves pour eux et pour ceux qui les recélaient [6].

Comme vous le voyez, Messieurs, dans cette grande organisation militaire, il n'était pas un besoin auquel ne répondît une prévision, pas un service auquel un monument propre ne fût correspondant.

Que si maintenant nous envisageons sous un second aspect la civilisation romaine, nous aurons un autre genre d'hommage à rendre à son génie, qui n'éclate pas moins dans l'organisation de son administration civile et commerciale.

---

[1] L. 4 au Code Justinien, *de erogatione militaris annonæ.*
[2] Code Théodosien, l. *ultima*, au titre *de militari veste.*
[3] L. 6 au Code Théodosien, *de murilegulis.*
[4] L. 8 au Code Théodosien, *de murilegulis.*
[5] Code Justinien, *de murilegulis.*
[6] Lois 6, 7, 8, 9 au Code Théodosien, *de murilegulis.* —L. 1 au Code Théodosien, *de vestibus oloveris et auralis.*

Ce qui frappe au premier aspect, c'est cet immense réseau de voies militaires ou civiles s'étendant jusqu'aux limites les plus reculées des provinces, à travers les obstacles de terrains les plus résistants et offrant à la circulation la plus gigantesque viabilité. Les voies romaines, avec leurs empierrements si solides, leurs excavations d'assainissement, leurs bornes milliaires, leurs stations et leurs embranchements multiples, présentaient dans tout l'empire, et particulièrement dans les Gaules, un magnifique spectacle. Je n'en veux pour preuve que le savant travail de votre secrétaire, M. Ménard, qui relève sur la carte seule de notre Poitou treize voies romaines visibles encore après dix-huit siècles [1].

La viabilité n'est complète que lorsqu'elle est continue. Aussi les ingénieurs romains, pour la rendre parfaite, avaient-ils réuni par des arches monumentales les rives opposées des fleuves et des torrents. Des ponts, construits avec cette solidité qui a fait survivre aux siècles quelques-uns d'entre eux, reliaient les tronçons des voies principales et offraient à la circulation civile aussi bien qu'aux transports militaires un libre et facile accès [2].

La Méditerranée, ce vaste théâtre du commerce européen, que nous n'osons appeler encore un lac français, mais qu'on pouvait certainement, dans les beaux jours de Rome, nommer un lac romain, ouvrait aux flottes mi-

---

[1] Essai sur la topographie du pays des Pictons, par M. Ménard, secrétaire de la Société des antiquaires de l'Ouest (Bulletin de la Société des antiquaires de l'Ouest, 1er trimestre, p. 274).

[2] L. 50 au Code Théod., *de operibus publicis*. — L. 2 au Code Théod., *ne operæ a conlatoribus exigantur*.

litaires et commerciales ¹ de vastes ports, dont les plus importants étaient adriatiques, espagnols, africains ou orientaux. Les marins, *naviculariï*, soumis, de ce temps comme du nôtre, à une sorte d'inscription maritime ², étaient attachés à la mer non-seulement par le lien de servitude qui retenait chaque famille dans sa classe professionnelle, mais encore par des priviléges ³. L'Etat exerçait une sorte de monopole non-seulement sur le personnel, mais encore sur le matériel des flottes, assujetties à la double obligation de faire un service militaire et d'approvisionner les ports italiens des blés d'Egypte et des denrées orientales ⁴.

Ces ports, que notre amour de l'antiquité ne saurait prétendre comparer à ceux de notre temps, devaient être cependant considérables, non-seulement en surface, mais encore en profondeur. Les petits navires n'avaient sans doute qu'un tonnage de 300 amphores ⁵,

¹ Code Théodosien, *de naviculariis.* — L. 23 Code Théod., *de operibus publicis.*

² L. 1 au Code Théod., *de naviculariis.* — Code Justinien, titres *de naviculariis*, — *de prædiis et omnibus rebus naviculariorum*, — *de navibus non excusandis.*

³ « Quisquis naviculariorum codicillis optaverit ornari præbitioni equorum intelligat se esse subdendum. » L. 15 au Code Théod., *de naviculariis.*

⁴ « Iis qui naves marinas fabricaverint et ad annonam populi romani præberint, non minores quam decem millium modiorum, muneris publici vacationem datam. » L. 5 au Digeste, *de vacat. et excusat. mun.*

⁵ L. 17 Code Théod., *de operibus publicis.*—L. 28 Code Théod., *de naviculariis.*

⁶ Lex Claudia tribunitia.

c'est-à-dire une capacité d'environ 65 tonneaux; mais les grands bâtiments étaient assujettis par les règlements maritimes à une capacité bien plus grande. Elle était d'environ 1,000 tonneaux [1], si nous ne nous trompons dans notre évaluation des dix mille *modii* imposés comme contenance aux constructions navales de grand modèle.

Les ports le plus fréquemment mentionnés par les lois romaines sont ceux d'Alexandrie, de Constantinople et d'Ostie. Ces ports étaient indiqués aux marins par des phares, immenses tours, *turres altissimæ* [2], éclairées par des feux nocturnes. Les plus célèbres étaient les phares d'Alexandrie, de Tyr [3] et d'Ostie. L'entretien de ce dernier et de son port, auquel était affecté un collége d'ouvriers, *fabri ostienses*, était à la charge des municipalités de la Toscane, *curiales Tusci* [4].

La salubrité publique et l'agriculture, comme la viabilité et le commerce, eurent leurs services et leurs monuments. Les aqueducs, ces gigantesques canaux, qui, sous les mains d'ingénieurs habiles, tantôt plongeaient dans le sol comme nos voies de fer, tantôt s'élevaient triomphalement sur de superbes arcades, ne portaient pas seulement aux cités l'eau des usages domestiques et des naumachies, mais se faisaient, chemin faisant (et,

[1] Edictum Divi Claudii. — Ulpien, Fragments, tit. *de latinis*.

[2] « Ad Ostiam Tiberis turris altissima excitata in exemplum Alexandrini phari, ut ad nocturnos ignes cursum navigia dirigerent. » Suétone, *Claudio*, cap. 10. — Pline, lib. 50, cap. 9 et 15 *ad fin.*

[3] Juvénal, satire 12, v. 76.

[4] L. 5 au Code Théodosien, *de calcis coctoribus.*

comme nous le dirons plus tard, ce fut leur ruine [1]),
les tributaires des besoins de l'agriculture.

Rien, malgré les progrès modernes de l'hydraulique,
n'égale de nos jours, en solidité aussi bien qu'en simpli-
cité, ces magnifiques travaux. Aussi l'habile ingénieur
qui dirige, dans ce département, le service des ponts et
chaussées, concluait-il naguère, à propos des besoins
si vrais de notre cité et des tentatives si vaines jusqu'ici pour y répondre, que la science moderne n'a rien
de mieux à réaliser que la restauration des aqueducs
dont les beaux vestiges sont encore l'honneur de notre
province [2].

C'est ici le lieu de parler des bains, *balnea* ou *lavacra* [3],
et des thermes [4], ces établissements si populaires dans
les mœurs romaines, et qui ont avec les aqueducs de si
grands rapports d'affinité. Ces monuments, créés à l'envi
par l'industrie publique et par le luxe individuel, sont
trop connus pour que j'insiste sur leur destination. Notre
sol est plein de leurs vestiges, et leur usage est si intimement lié à la vie privée, et même parfois à la vie publique des Romains les plus illustres, que l'histoire a
dû leur consacrer des pages.

Rien, en effet, ne donne une idée plus vraie de la
sensualité romaine que ces établissements merveilleux
où la main de l'ouvrier semait les marbres, les porphyres

[1] Code Justin., tit. *de aquæductu.*
[2] Notice sur les aqueducs romains de Poitiers, par M. Duffaud, ingénieur en chef de la Vienne; Mémoires de la Société des antiquaires de
l'Ouest, t. XII, p. 55.
[3] L. 52 au Code Théodosien, *de operibus publicis.*
[4] L. 52 et 50 au Code Théodosien, *de operibus publicis.*

et les mosaïques, et où l'architecte ne se croyait quitté envers une cité voluptueuse qu'après avoir combiné la magnificence de l'extérieur avec les commodités intimes de l'édifice. Pour ne citer que les principaux exemplaires de ces monuments luxueux, je nommerai, après les bains de Xeulippe [1], les thermes honoriens, monument gigantesque, d'un luxe merveilleux, *ingenti decore* [2], orné de portiques et d'un triple rang de colonnes [3], éclairé la nuit comme nos modernes passages [4], et peuplé comme eux de coiffeurs, de marchands de parfums et des mille vendeurs de ces futilités qui sont autant de nécessités premières pour le sensualisme civilisé [5].

A côté de ces monuments d'un luxe aussi avancé que le nôtre et plus exigeant peut-être, il faut rappeler certains édifices dont nous avons déjà raconté la grandeur et la ruine. C'étaient les théâtres, où se représentaient les chefs-d'œuvre de Plaute et de Térence; — les amphithéâtres, où les sens d'un peuple blasé se ravivaient au spectacle de la fureur des bêtes et du sang versé; — les cirques, où des coursiers fougueux et des chars rapides se disputaient le prix et dévoraient la carrière; — les

[1] L. 52 au Code Théodosien, *de operibus publicis.*

[2] Godefroid sur la loi 50 au Code Théodosien, *de operibus publicis.*

[3] Ammien Marcellin, lib. 29, *in fine.* — Lampridius in Alexandro Severo, p. 122. — Vitruve, lib. 5, c. 7.

[4] L. 1 au Code Théod., *de lustrali collatione.* — Lampridius in Alexandro Severo.

[5] « Quia plurimæ domus, *cum officinis suis*, in porticibus Xeulippi esse memorantur, reditus memoratorum locorum, pro quantitate quæ placuit, ad præbenda luminaria et ædificia ac tecta reparandæ gratiâ urbis hujus lavacro, sine aliquâ jubemus excusatione conferri. » L. 52 au Code Théod., *de operibus publicis.*

6

écuries publiques, *stabula publica*, où les animaux destinés aux plaisirs du peuple étaient entretenus aux frais
des provinces [1]; — c'étaient enfin les xystes, *xysti* [2], allées
ou portiques où les athlètes s'exerçaient à couvert, mais
qui plus tard, détournés de cette destination, en reçurent
une plus digne des temps chrétiens. Ils devinrent en
effet, sous Valentinien [3], les dispensaires où les quatorze
archiatres de la cité, médecins populaires salariés par
l'Etat, donnaient aux pauvres des consultations et des
soins gratuits.

Détournons les yeux des monuments de plaisir pour
contempler ceux vraiment dignes de la majesté d'un
grand peuple. Au sein des cités nous voyons le forum [4],
lieu déchu de ses grands souvenirs populaires sans
doute, mais glorieux encore de ses splendeurs architec-
turales, de ses colonnes triomphales, de ses statues de
marbre et de métal précieux; ce sont ensuite les places
publiques, *plateæ* [5], protégées contre les envahissements
privés par des lois et par des règlements administratifs;
— les portiques [6], splendides passages couverts où cir-
cule une foule élégante; — les auditoires [7], *auditoria*,
salles ouvertes à tous, où des professeurs aimés du
public attirent une jeunesse studieuse; — ce sont enfin les
chaires de controverse, *exedræ*, où les rhéteurs se livrent

[1] Lois 16, 17, 34, 35 et 37 au Code Théod., *de cursu publico.*
[2] Suétone, *in Octavio*, cap. 45.
[3] L. 8 au Code Théod., *de medicis et operatoribus.*
[4] L. 22, au Code Théod., *de legatis.*
[5] L. 59 au Code Théod., *de operibus publicis.*
[6] Lois 30, 44, 45, 50, 52, et l. ult. au Code Théod., *de operibus publicis.* — L. 12 au Code Théod., *de scenicis.*
[7] L. ult. au Code Théod., *de operibus publicis.*

à la dispute et offrent à la curiosité des oisifs un autre genre d'aliment [1].

Dans les principaux centres de population, chaque grand service public avait ses édifices. La justice avait ses prétoires [2]; elle avait ses prisons, *carceres publicæ* [3], lieux d'horreur et de torture dans les temps païens, mais séjour de simple expiation sous les empereurs chrétiens, qui en adoucirent le régime et désarmèrent les mains cruelles des geôliers.

Enfin, les édifices directement attachés au service des domaines public et privé, *fiscalia* et *patrimonialia*, étaient les plus nombreux en même temps que les plus splendides. C'étaient les palais impériaux, *palatia principis*, affectés, dans chaque cité et dans chaque terre du domaine privé, soit à la résidence de la majesté impériale, soit à celle des hauts fonctionnaires chargés de la représenter dans les provinces; c'étaient les greniers publics, *horrea publica* [4], où se concentraient, sous le monopole de l'État, les grains des tributaires, et particulièrement ceux d'Égypte; c'étaient les ateliers monétaires, où des corporations d'ouvriers, *monetarii* ou *numerarii*, étaient assujetties à un régime analogue à celui des gynéciaires

---

[1] L. ult. au Code Théod., *de operibus publicis*. — « Constituuntur in tribus porticibus exedræ spatiosæ habentes sedes, in quibus philosophi, rhetores, reliquique qui studiis delectantur, sedentes disputare possunt. » Vitruve, lib. 5, *de architect.*

[2] Lois 8 et 55 au Code Théod., *de operibus publicis*. — L. 5 au même Code, *de officio judicum.*

[3] Code Théod., titre *de custodia reorum*. — L. 5 au Code Théod., *de metalis.*

[4] Lois 4, 17, 55, 57 au Code Théod., *de conditis in publicis horreis.* — L. 12 au même Code, *de operibus publicis.*

et des fabriciens [1]; c'étaient les hôtelleries publiques, *tabernæ*, monopolisées par l'État ou par les municipalités et tenues à loyer par des industriels, *tabernarii*[2]; c'étaient enfin les *baphia* [3], ateliers uniquement consacrés à la fabrication de la pourpre, et où des ouvriers embrigadés sous le nom de *murileguli* et *conchyleguli*, se livraient, pour l'unique usage de la famille impériale, à la préparation de la couleur sacrée que recélait le précieux coquillage des mers de Tyr [4].

Que si, pour compléter ce tableau du monde romain monumental, on évoque ses temples, les palais des grands particuliers rivalisant de richesse et d'éclat avec les résidences impériales, les ateliers de l'industrie privée s'emparant de tout ce que ne monopolisait pas l'État, enfin les somptueuses *villæ* dont étaient semées les campagnes de Rome et des provinces, on reconnaît combien peu s'en faut que cette civilisation matérielle n'équivale à celle dont nous sommes aujourd'hui si fiers. Et cependant il n'a fallu qu'un siècle pour sa chute. Sujet de réflexions profondes pour les moralistes de notre temps! Car devant ce grand exemple des condamnations prononcées par le juge éternel, on se pose en tremblant la question de savoir ce que deviendrait, elle aussi, notre

[1] Lois 7 et 13 au Code Justinien, *de murilegulis*.
[2] Novelle de Théodose, 30.
[3] Loi ult. au Code Théod., *de murilegulis*.
[4] Lois 12, 13 et 14 au Code Théod., *de murilegulis*. — On rencontre dans la loi 12 au Code la preuve que la pourpre impériale avait exclusivement pour matière première la substance contenue dans le fameux coquillage appelé *murex* : « Si quis naviculam functioni *muricis* et legendis *conchyliis* deputatam ausus fuerit usurpare, duarum librarum auri inlatione teneatur. » L. 12 au Code Théod., *de murilegulis*.

civilisation moderne, si Dieu, irrité des excès de cette civilisation même, ouvrait sa main pour l'en laisser tomber.

Heureusement, Messieurs, il n'y a pas d'assimilation possible entre les deux sociétés. Chez nous, les éléments de dissolution ne sont qu'en bas; chez les Romains, les éléments de dissolution étaient en haut. Chez nous, le mal n'est que dans l'opposition; chez les Romains, le mal était dans le pouvoir lui-même. Le Code Théodosien, notre source intarissable, va nous apprendre en effet que la ruine des monuments d'utilité publique a eu pour causes : 1° le désordre dans les finances; 2° le désordre dans l'administration ; 3° l'impuissance ou la complicité du pouvoir tolérant ou favorisant l'usurpation privée. Ces causes de ruine, indiquées déjà en partie dans un chapitre précédent, vont être rapportées dans celui-ci avec tous les développements qu'elles comportent.

L'admiration qu'impose un gouvernement où le pouvoir et l'administration sont fortement centralisés porte toujours à concevoir une haute opinion de sa situation financière. On ne croit à rien d'obscur là où pénètre l'œil intéressé du maître. On suppose un trésor sauvegardé contre la ruine, lorsque le gouvernement que fait vivre sa prospérité est à même d'en surveiller les sources et les affluents.

Cette conclusion est juste dans un État où le pays qui fournit l'impôt est admis à en contrôler l'emploi. Mais elle est complètement inexacte dans un empire comme celui de Rome, où le gouvernement, libre de tout engagement envers le contribuable et de tout contrôle, était absolument et exclusivement personnel.

Avec des Antonin et des Marc-Aurèle, c'était bien.

Mais de tels princes sont clair-semés dans l'histoire de tous les peuples. D'ailleurs, les empereurs romains, sans racines dans le peuple, sans lien réel avec la volonté nationale, ne pouvaient être que maîtres s'ils étaient forts, esclaves s'ils étaient faibles. Or, ils étaient le plus souvent esclaves, car, d'une part, il leur fallait compter au dedans avec les prétoriens qui les avaient faits rois, avec les hauts fonctionnaires qui, mécontents, devenaient des rivaux ou des ennemis, avec la populace avide de largesses, de spectacles et amoureuse du changement, —et d'autre part ils devaient compter au dehors avec des hordes barbares qu'on ne pouvait contenir qu'avec des armées permanentes, ou se concilier qu'avec des subsides.

Une autre plaie affligeait le trésor. Je veux parler de l'amour de popularité, ou plutôt de renommée, qui était à la fois la vertu et le vice des dignitaires préposés à l'administration des villes et des provinces. Ils avaient un faste immense, et ne rêvaient dans leurs gouvernements que l'érection d'œuvres monumentales qui portassent leurs noms à la postérité. Infatués de l'avenir, ils n'avaient pour le passé qu'une superbe indifférence, et, laissant tomber en ruines les monuments publics dus à leurs devanciers, ils sacrifiaient tout à des constructions nouvelles au front desquelles ils écrivaient orgueilleusement leur nom, à l'exclusion même de celui de l'empereur[1]. Le désordre dû à cette ambitieuse manie

***

[1] Leur outrecuidance devint telle, qu'Arcade et Honorius s'en blessèrent et édictèrent cette loi : « Si qui judices, perfecto publicis pecuniis operi suum nomen sine nostri numinis mentione inscripserint, majestatis

du neuf était tel, que les empereurs, doublement offensés, en firent, dès le commencement du iv° siècle, l'objet de leur plus grave, mais en même temps de leur plus impuissante préoccupation.

On trouve au Code Théodosien, au titre *de operibus publicis*, des lois nombreuses de Constantin [1], Valentinien [2], Honorius et Arcade [3], renouvelant incessamment et toujours vainement, aux magistrats des villes et des provinces, l'interdiction de commencer des constructions nouvelles avant d'avoir réparé les anciennes. Je n'en citerai qu'une de Valentinien, lue au sénat en 376, qui prouve qu'à Rome même, et sous les yeux de l'empereur, les magistrats continuaient de braver les lois prohibitives émanées non-seulement de ses prédécesseurs, mais encore de lui-même :

« Il est interdit, dit Valentinien, aux préfets de la
» ville et aux autres magistrats d'un ordre élevé, d'é-
» riger quelque construction nouvelle que ce soit dans

teneantur obnoxii. » Arcadius et Honorius à Rufin, préfet du prétoire (an 394). — L. 9 au Code Théod., *de operibus publicis.*

Les empereurs n'étaient pas moins vains et s'attribuaient le mérite des œuvres de leurs devanciers :

« Vanitatis ejus exemplum ne latius evagemur, hoc unum sufficiet poni, leve quidem sed cavendum judicibus. Per omnia enim civitatis membra quæ diversorum principum exornarunt impensæ, nomen proprium inscribebat, non ut veterum Trajanus dicitur princeps, unde cum herbam parietinam jocando cognominarunt. » Ammien Marcellin, lib. 27, p. 571.

[1] L. 5 au Code Théodosien, *de operibus publicis.* (An 326.)

[2] L. 11, 14, 15, 16, 17, 19 au Code Théodosien, *de operibus publicis.* (Ans 364, 365, 376.)

[3] L. 57 au Code Théodosien, *de operibus publicis.* (An 598.)

» l'illustre ville de Rome, tous leurs soins devant être
» exclusivement consacrés à la restauration des monu-
» ments existant déjà. Si cependant quelqu'un d'entre
» eux veut doter la ville de quelque nouvel édifice public,
» il y est autorisé, pourvu qu'il le fasse à ses frais, et
» qu'il ne prenne pas le prétexte de cette construction
» pour dépouiller de leurs matériaux d'anciens monu-
» ments, fouiller les substructions de nobles édifices,
» leur ravir et remettre en œuvre leurs pierres et leurs
» marbres [1]. »

Cette loi, animée, du reste, d'un esprit parfaitement
archéologique, est curieuse à un double point de vue.
Elle prouve d'abord, comme je le disais tout à l'heure,
l'indiscipline des magistrats; elle est, en second lieu,
une page intéressante de la désastreuse histoire des restaurations monumentales, histoire de tous les siècles,
de tous les peuples et de toutes les administrations.
Vous voyez que du temps de Valentinien on défigurait
les monuments sous prétexte de restaurer et de construire, qu'on faisait des nobles débris de l'art antique
un monstrueux et déplorable assemblage avec les vul-
gaires produits d'un art dégénéré, qu'en un mot, les
anciens donnaient aux modernes un exemple que ceux-

[1] « Nemo præfectorum urbis, aliorumve judicum, quos potestas in
excelso locat, opus aliquod novum in urbe Româ inclytâ moliatur, sed
excolendis veteribus intendat animum. Novum quoque opus qui volet in
urbe moliri suâ pecuniâ, suis operibus absolvat, non contractis veteribus
emolumentis, non effossis nobilium operum substructionibus, non redi-
vivis de publico saxis, non marmorum frustis (spoliatarum ædium refor-
matione) convulsis. » Lue au sénat en 376 par Valens et Valentinien. —
L. 19 au Code Théodosien, *de operibus publicis*.

ci n'ont que trop fidèlement imité. Fait curieux, et non sans importance pour les archéologues, car il peut leur expliquer, dans certains monuments romains, des contradictions de style plutôt apparentes que réelles, dont l'architecte originaire est innocent, et dont le restaurateur seul est responsable.

Mais, Messieurs, ce n'était pas seulement pour les faire entrer dans la construction d'œuvres nouvelles, ou pour les faire concourir à des restaurations, que les magistrats arrachaient aux vieux monuments leurs splendides débris. Le but eût pu les excuser, sinon les absoudre. Mais leur mobile était souvent coupable [1].

En effet, la rapacité des fonctionnaires, si manifeste dès le temps de Cicéron [2], était arrivée sous l'empire au développement le plus effronté. Le magistrat pillait certaines villes de son gouvernement, sous prétexte d'orner de leurs dépouilles une cité privilégiée, mais en réalité dans le but d'enrichir d'ornements précieux ses palais et ses villas. Déjà, en 327, Constantin avait été obligé d'interdire aux magistrats la spoliation des villes au profit d'autres villes [3]. Mais, sous Valentinien, ces abus devinrent empreints d'un caractère tel de personnalité, que

---

[1] La cupidité des magistrats de l'empire était scandaleuse. Leurs concussions particulièrement étaient monstrueuses : φορολογων αναιθροφιαν, dit Grégoire de Nazianze, *Oratio* 10, p. 242. — Pour juger de leur avidité, il faut consulter les lois 1 et 20 au Code Théodosien, *de exactionibus*, et les lois 1, 2 et 5 au même Code, *de superexactionibus*.

[2] Juvenal, satire 8. — Laberius, *in cophino*; Nonnius, *in verbo : lenis*.

[3] « Nemo propriis ornamentis esse privandas existimet civitates : fas siquidem non est, acceptum à veteribus decus perdere civitatem, veluti ad urbis alterius mœnia transferendum. » Constantin, an 327. L. 1 au Code Théodosien, *de operibus publicis*.

l'empereur dut, en 385, y opposer le frein d'une loi repressive :

« Nous faisons défense aux magistrats de se permettre
» désormais, sous le prétexte d'orner la métropole et les
» cités splendides, de dépouiller les villes en ruines et
» d'en faire enlever les statues, les marbres et les co-
» lonnes. De tels abus, s'ils se produisent à l'avenir,
» seront punis [1]. »

Cette loi fut inefficace. Trente-trois ans après, Honorius était obligé de la rappeler en termes plus sévères
encore dans une lettre à Théodore :

« Qu'aucun magistrat ne se laisse aller à cet excès
» d'audace, *in id temeritatis erumpat*, soit de commencer
» sans notre assentiment des constructions nouvelles,
» soit de dépouiller, sans l'autorisation de ton Altesse,
» les édifices publics de leurs ornements, de leurs mar-
» bres et de tout ce qui sert à l'usage et à la décoration
» des cités. Si quelqu'un d'entre eux ose contrevenir à
» cette prohibition, il sera puni d'une amende de 3 li-
» vres d'or. La même peine atteindra les municipalités
» qui ne feraient pas respecter notre décret, en défen-
» dant contre ces magistrats les monuments de leur pays
» natal [2]. »

---

[1] « Præsumptionem judicum ulterius prohibemus qui, in eversionem abditorum oppidorum, metropolis vel splendidissimas civitates ornare se fingunt, transferendorum signorum vel marmorum, vel columnarum materias requirentes. Quod post legem nostram sine pœna admittere non licebit. Præsertim cùm, neque novam constitui fabricam jusserimus antequam vetera reformentur, et si adeo aliquid fuerit inchoandum, ab aliis civitatibus conveniat temperari. » Valentinien, an 365. — L. 14 au Code Théodosien, *de operibus publicis.*

[2] « Nemo judicum in id temeritatis erumpat ut, inconsultâ pietate

Cette loi, qui, du reste, fut impuissante comme toutes les tentatives de ce genre faites par Honorius, ne stipulait que pour l'avenir et ne remédiait point au passé. Le mal était énorme. L'incurie et la cupidité des magistrats avaient, dans les dix-huit années écoulées depuis 380, époque du premier consulat de Théodose le Grand, amoncelé plus de ruines que n'en avaient faites, en plusieurs siècles, les guerres, les insurrections et l'action corrosive du temps. A qui demander la réparation de cet immense préjudice, si ce n'est aux grands coupables qui avaient ainsi trahi leur mandat et dépouillé leurs provinces? Honorius et Arcade conclurent ainsi et édictèrent, en 396, une loi dont le but, sinon le résultat, fut d'obliger les magistrats à restaurer à leurs frais tous les

nostrâ, novi aliquid operis existimet incohandum; vel ex diversis operibus æramen, aut marmora, vel quamlibet speciem quæ fuisse in usu vel ornatu probabitur civitatis eripere, vel aliò transferre, sine jussu tuæ Sublimitatis. Etenim si quis contrà fecerit, tribus libris auri multabitur. Similis etiam condemnatio ordines civitatum manebit, nisi ornamentum genitalis patriæ decreti hujus auctoritate defenderint. Horreorum autem vel stabulorum fabricas arbitratu proprio provinciarum judices studio laudandæ devotionis arripiant. » Arcade à Théodore, préfet du prétoire (an 598). L. 37 au Code Théodosien, *de operibus publicis.*

« Illud etiam repetita sanctione decernimus ut nemini judicum liceat novis molitionibus industriæ captare famam. Quòd si quis in administratione positus sine jussu nostro ædificii alicujus jacere fundamenta tentaverit, is proprio sumptu etiàm privatus perficere cogetur quod ei non licuerat inchoare nec provinciâ permittetur abscedere, priusquàm ad perfectum manucœptum perduxerit : et si quid de quibuslibet publicis titulis in ea ipsa fabricâ præcepto ejus impensum fuerit reformare.» Théodose, Arcade et Honorius, an 594.—L. 51 au Code Théod., *de operibus publicis.*

édifices tombés par le fait de leur incurie ou de leur
cupidité :

« Nous ordonnons que tous les palais, prétoires, gre-
» niers, écuries et ménageries publics qui sont tombés
» en ruines, soient restaurés aux dépens des recteurs qui
» ont été en fonctions depuis le consulat de notre divin
» père jusqu'à ce jour [1]. »

On voit, par ces tentatives aussi vaines que légitimes,
quelle était l'étendue du mal contre lequel les empereurs
du IVe siècle essayaient de protéger les monuments. Ce
mal était d'autant plus incurable qu'il était le fait même
des agents du pouvoir chargés de le guérir. C'est donc à
juste titre que nous plaçons la corruption et l'infidélité
des magistrats au premier rang des causes de destruction dont la civilisation matérielle de Rome fut la vic-
time.

Mais, Messieurs, à cette cause de ruine venaient s'en
adjoindre d'autres que nous devons aussi vous signaler.
L'une d'entre elles, et ce n'était pas une des moins déci-
sives, résidait dans la stérilité de la source où se puisait
l'aliment nécessaire à l'entretien des travaux publics.

En effet, Messieurs, pour soustraire le trésor aux
exigences que, dans tout budget, présente l'important
chapitre des travaux publics, l'État s'était déchargé sur
les administrations curiales de ce fardeau qui, pour ces
dernières, équivalait à la plus effroyable calamité. Les

[1] « Quidquid de palatiis, aut prætoriis judicum, aut horreis, aut
stabulis et receptaculis animalium publicorum ruinâ lapsum fuerit, id
rectorum facultatibus reparari præcipimus qui a primo consulatu divi
genitoris nostri (382), usque præsens tempus gesserunt judiciariam potes-
tatem. » Arcade, an 396. — L. 35 au Code Théod., *de operibus publicis.*

municipalités ou curies, chargées de l'entretien de leurs
murs et monuments urbains, l'étaient encore du payement
des matériaux requis pour la réparation et même pour la
construction des ports ¹, des ponts et des chemins ² qui
les avoisinaient. Pour bien comprendre le poids de cette
charge, il faut ne pas oublier que les municipalités étaient
responsables envers le trésor des impôts de toutes les
propriétés curiales, ou même particulières, comprises
dans leurs circonscriptions ³; qu'il leur fallait payer l'impôt des terres abandonnées affectées violemment à leur
domaine par une loi ruineuse ⁴; que fréquemment leurs
propres fermiers laissaient impayées les redevances formant leurs revenus ⁵; que parfois même les empereurs,
Tibère, par exemple, les ruinaient en leur ravissant
leurs *vectigalia*, c'est-à-dire leurs droits d'octroi et de
péages. Ainsi les curies étaient responsables de l'impôt;
elles le devaient même pour les terres qui ne produi-
saient rien; il leur fallait payer alors même qu'on leur
arrachait violemment une part de leur revenu; et, non-
obstant ces charges déjà si lourdes à tant de titres, elles
devaient entretenir leurs monuments, pourvoir aux fêtes,

¹ L. 3 au Code Théod., *de calcis coctoribus.*
² L. 2 au Code Théod., *ne operæ à conlatoribus exigantur.*
³ Loi 17, § 7, au Digeste, tit. 1ᵉʳ, lib. 50, *ad municipalem et de incolis.*
— Lois 2 et 8 au Code Justinien, au titre *de susceptoribus, præpositis et
arcariis.* — Loi 25 au même Code, au titre *de decurionibus.* — Loi 54
au Code Théod., lib. 12, tit. 1.
⁴ Loi 1 au Code Justinien, au titre *de omni agro deserto.* — Gibbon,
t. VI, p. 17 (traduction Guizot). — Troplong, *Du contrat de louage*,
t. 1ᵉʳ, p. 151. — Armand Rivière, *Histoire des biens communaux*, cha-
pitres IV, VI et VII.
⁵ Suétone, lib. 3, *Tiberius Cæsar*, p. 79.

aux jeux publics ¹, aux dons de bienvenue à faire à l'empereur et aux préfets des provinces ², et enfin servir des
prestations à l'occasion de certains grands travaux publics.

Le fardeau qui pesait sur ces malheureuses municipalités n'était donc pas seulement lourd par son intensité;
il l'était encore, il l'était surtout par l'aggravation qu'a-
joute à une charge la menace terrible de l'imprévu. Une
administration sur les ressources de laquelle la voie de
réquisition est incessamment suspendue ne peut songer
à équilibrer un budget. Elle s'abandonne au désordre,
par conviction de l'inutilité de son économie. Ne pouvant
jamais liquider, elle est inévitablement conduite à la
déconfiture.

Aussi, Messieurs, arriva-t-il un temps où les curies
furent dans l'impossibilité matérielle d'acquitter leurs
charges, et où se produisit ce résultat que l'appauvrissement des peuples augmenta en raison directe de l'ac-
croissement des établissements créés en vue de la prospérité nationale. Il ne pouvait en être autrement; car,
tandis que d'une part les réquisitions se multipliaient
avec le nombre des établissements publics, d'autre part,
les ressources privées sur lesquelles se prélevaient les
prestations diminuaient à raison de l'abandon progressif
de l'agriculture.

Mais la misère des municipalités ne conspirait pas
seule avec l'indifférence ou la rapacité de la haute
administration pour semer de ruines l'empire du
monde. Le goût des spoliations, dont l'exemple partait

¹ L. 1 au Code Justinien, *de spectaculis.*
² Lois 1, 2, 3 et 4 au Code Théodosien, lib. 12, tit. 13.

d'en haut, avait gagné les masses, et la cupidité privée
s'exerçait sur les monuments avec un cynisme tantôt
puni, tantôt toléré. Nous avons déjà vu avec quelle difficulté les empereurs protégeaient leur propre demeure
contre l'usurpation privée. Le grand Théodose lui-même
avait été obligé de protester contre des irrévérences dont
sa gloire ne défendait pas ses palais. « Les édifices qui
» nous sont consacrés, écrivait-il au comte des affaires
» privées, c'est-à-dire nos illustres palais, ne peuvent
» être l'objet d'un usage privé et d'une habitation com-
» mune [1]. » Déjà si menaçant pour la demeure du
prince, l'esprit d'envahissement était plus intolérable encore pour les monuments auxquels manquait le reste de
prestige conservé à la majesté souveraine. En vain cher-
chait-on, par la peine de la confiscation, à protéger
contre les usurpations et les contacts les places publiques [2],
les murs, les portiques et les autres édifices appartenant
à l'Etat ou aux cités; en vain prescrivait-on aux particuliers d'observer entre ces monuments et leurs constructions une distance d'au moins quinze pieds [3]; en vain

[1] « Consecratas nobis ædes, id est inclyta palatia, ab omni privatorum usu et communi habitatione excipimus. » Theodosius et Valentinianus comiti rerum privatorum. — Loi 1 au Code Justinien, *de palatiis
et domibus dominicis.*

[2] « Ædificia, quæ vulgi more parapetasia nuncupantur, vel si qua
aliqua opera publicis mœnibus vel privatis sociata cohœrent, ut ex his
incendium, vel insidias vicinitas reformidet, aut *angustentur spatia
platearum,* vel minuatur porticibus latitudo, dirui ac prosterni præcipimus. » Arcade à Sévère, préfet de la ville (an 598). — L. 59 au Code
Théodosien, *de operibus publicis.*

[3] « Si cui loci proprietas ædificando juxtà publicas ædes animum
dederit, is *quindecem pedum* spatio interjecto inter publica ac privata

étendait-on cette prescription à cent pieds de distance
circulaire entre les greniers publics et les maisons particulières [1], tout cela était inutile. L'empiétement continuait et opposait à des lois incessamment renouvelées
cette force invincible qu'on appelle l'obstination, et devant laquelle le pouvoir lui-même se lasse et finit par
céder.

Il céda en effet plus d'une fois, et cette complicité du
pouvoir précipita l'échéance des ruines. Déjà, dès le
règne de Vespasien [2], les particuliers avaient été autorisés à construire sur les emplacements vacants, *areæ
vacantes*, appartenant aux municipalités. Cette mesure
avait ses avantages, car elle favorisait l'agrandissement
des cités en permettant à l'industrie privée de transformer en quartiers populeux des terrains inhabités. Mais
toute chose, même bonne, a ses inconvénients, et les
abus se produisirent lorsque le désordre s'introduisit
dans l'édilité. En effet, sous le prétexte d'user des auto-

ædificia, ita sibi noverit fabricandum, ut tali intervallo et publicæ ædes
à periculo vindicentur, et privatus ædificator velut perperam fabricato
loco, destructionis quandòque futuræ non timeat detrimentum. » Arcadius, Honorius et Théodose à Emilien, préfet de la ville (an 408). —
Loi 9 au Code Justinien, *de ædificiis privatis*, lib. VIII, tit. 10.

[1] « Omnes intrà centum pedes vicinitùs, quantum ad *horrea pertinet*,
arceantur : ac si quid constructum fuerit, diruatur : quoniam experi-
mentis nuperrimis palàm factum est, ædificiorum, quæ horreis adhere-
bant, incendiis, fiscales copias laborasse. Quòd si quis ædificandi amore
publica damna neglexerit, non solum quod construxit, sed omnes res
ejus, et quidquid in suo jure habuit, fisco adjudicari præcipimus. »
Constantin à Félix (an 529). — L. 4 au Code Théod., *de operibus publicis*.

[2] Suétone, *in Vespasiano*, c. 8.

risations dont nous venons de parler, les particuliers se
plurent à établir une confusion intéressée entre les *areæ*
vacantes et les terrains qu'occupaient des édifices plus
ou moins outragés par la main des hommes ou l'action
du temps. Les municipalités, trouvant leurs charges
déjà trop lourdes, fermèrent les yeux sur ces usurpations qui les débarrassaient de l'entretien coûteux d'un
certain nombre de leurs édifices. Les empereurs, malgré
quelques restrictions, concoururent à cet abandon en
livrant à qui les voulait les monuments publics inutiles,
quæ non erant in usu civitatum [1]. Or, les cités étant juges

---

[1] L. 41 au Code Théodosien, *de operibus publicis*. — « Petentibus
loca publica ea conditione adnuimus ne quid usui vel ornatibus, aut
commodis civitatum auferatur; et quanquàm nullum opinemur existere,
qui contra commoda vel ornatum propriæ civitatis compeditorum obrep-
tionibus cohiberet, adtamen hujuscemodi rescripta nisi ad excellentiam
tuam referri præcipimus : scientibus judicibus, quòd si quis deinceps
subrepticia voluerit allegare rescripta, non nisi repræhensione existimationis suæ et pœna officiorum suorum his aditum præbebunt. Si in tra-
dendis locis publicis, si qui fortè nostrà liberalitate fuerint concessi,
excellentiæ tuæ non expectetur auctoritas. » Honorius et Arcadius (an
405). — L. 45 au Code Théodosien, *de operibus publicis*.

« Si aliquandò homines emergant qui à nostrà clementià opus publicum sibi præberi postulaverint, non nisi diruta penitùsque destructa, et
quæ parum sunt in usu civitatum percipiant : intimandis hujusmodi
rescriptis judicio amplissimæ tuæ sedis. » Honorius à Eutychianus, préfet du prétoire (an 399).—L. 14 au Code Justinien, *de operibus publicis*.

Ces concessions d'édifices publics continuèrent après les empereurs
d'Occident. Cassiodore cite une lettre du roi Théodoric accordant à un
nommé Helpidus Diaconus la possession d'un édifice en ruines à Spo-
lette : « Atque ideò petitioni tuæ robur præsenti humanitate largimur
ut porticum cum arcolà positurus post Corasi thermas, si tamen publico
usui non deservit, absolutà liberalitate potioris. »

7

de leurs besoins, et n'ayant les moyens d'entretenir que l'indispensable, on comprend combien furent nombreux les abandons faits par les municipalités à la cupidité privée. On trouve au Code Théodosien une loi de Constance, en date de 362, qui consacre le laisser faire avec une incroyable indifférence : « Nous apprenons que plusieurs » personnes se sont bâti des maisons sur l'emplacement » d'édifices publics appartenant à la cité. Nous les auto- » risons à posséder, à titre de propriétaires, les maisons » qu'elles se sont bâties [1]. »

Ce fut en vain, Messieurs, que, dans une loi plutôt politique qu'édilitaire [2], Julien protesta, par une révocation des dons faits aux chrétiens, contre cette désastreuse tolérance. Ce fut en vain qu'en 401, Honorius et Arcade cherchèrent à conjurer la dévastation des cités en rendant les municipalités responsables de leurs monuments [3]. L'élan était donné, et bientôt il ne fut plus

[1] « Comperimus, super ergasteria publica, quæ ad jus pertinent civitatis, plerosque sibi domos extruxisse, præcipimus erga eos, in communi jure quæ ædificaverunt possidere. » Constance et Constant (an 362). — L. 9 au Code Théodosien, *de operibus publicis*.

[2] « Quicumque, cujuslibet ordinis, dignitatis, aliquod opus publicum quoque genere, obscurâ interpretatione meruerit, fructu tali beneficii, sine aliquâ dubitatione, privetur : non solum enim revocamus quod factum est, verum etiam in futurum cavemus ne quâ fraude temptetur. » Julien (an 362). — L. 10 au Code Théodosien, *de operibus publicis*.

[3] « Omnia ædificia publica, sive juris templorum, intra muros posita, vel etiam muris cohærentia, quæ tamen nullis censibus patuerit obligata, curiales et collegiati (submotis competitoribus), teneant atque custodiant, suarum non immemores fortunarum; ita ut eos nullus penitùs inquietet qui aliquem locum publicum, aut per sacram adnotationem meruerit, aut in arcis vacantibus, quæ nullum usum civitatibus

rien de respectable au peuple, pas même les palais des princes, pas même les prétoires des magistrats, pas même ces greniers publics qui, dans les temps de disette, étaient sa providence. Le titre *de operibus publicis* au Code Théodosien est plein de cris de détresse jetés par les empereurs, qui se sentent impuissants à rien protéger : « L'enceinte de notre palais est occupée par des » édifices privés qui nous incommodent, disent Honorius » et Théodose; nous ordonnons que cet état de choses » cesse et qu'on fasse disparaître les constructions privées occupant un emplacement quelconque dans cette » enceinte, ou adhérant aux murs de notre palais; car » la demeure impériale doit être, de la part des particuliers, l'objet d'une respectueuse discrétion [1]. » Un

---

ornatumque præberunt, insinuatâ auctoritate rescripti, propriis sumptibus ædificaverint. Si qua verò super hujusmodi locis fuerit orta dubitatio, non aliquid municipes sive collegiatos volumus spontè præsumere, sed à rectore provinciæ ortam dirimi quæstionem, vel sublimem consuli præfecturam, si judicandi exegerit difficultas : palatina sanè officia ad aditum referari : cùm si quandò à quopiam vacans locus, aut area postulatur, consultiùs ad ordinarios judices nostri mittantur affatus : ut si neque usui, neque ornatui civitatis adcommodum videtur esse quod poscitur, periculo ordinis et provincialis officii, absque ullius gratiæ conludio, competitori sub gestorum testificatione tradantur. Pensiones autem qu: ns sublatæ à competitoribus fuerint, rationabiliter impositas,   i jubemus proficere civitatis : videlicet pensionibus præteriti t   ...s quæ jam solenniter sacro privatoque debentur ærario. » Arcadius et Honorius (an 401). — L. 41 au Code Théodosien, *de operibus publicis.*

[1] « Quicunque locus in palatio hujus urbis privatis ædificiis incommodè occupatus est, is quamprimum subruptis omnibus qui in eo sunt ædificiis palatio reformetur, quod privatum non est parietibus cohærtandum : nam imperio magna ab universis secreta debentur : ut hi tau-

autre texte du même titre proteste contre l'usurpation
des prétoires : « Il importe, écrivent Constantin et Con-
» stant, que les prétoires des juges et les édifices publics
» ne soient pas détournés du droit et de l'usage pu-
» blics [1]. » Valentinien, par une loi en date de 364,
essaye de défendre les greniers publics contre un envahissement dévastateur : « Nous apprenons, dit-il, qu'à
» Rome, et même dans les ports, les greniers publics
» ont été livrés à des usages privés. Nous ordonnons
» qu'ils retournent à leur ancienne destination [2]. » Enfin,
Messieurs, Arcadius et Honorius rappellent les particuliers à l'observation des lois qui interdisent les constructions adhérentes : « Les édifices privés *adhérents* aux
» monuments publics, et ceux qui leur sont *superposés*,
» *superposita*, doivent être détruits et enlevés [3]. — Ton

tùm locum habeant habitandi, quos legitimus majestatis nostræ usus et
reipublicæ disciplina delegit : in futurum etiam universis ab hujusmodi
usurpatione prohibendis. » Honorius et Théodose (an 409). — L. 47 au
Code Théodosien, *de operibus publicis.*

[1] « Prætoria judicum et domus publicas oportet publico juri atque
usui semper vindicari. » Constantin et Constant (an 362).— L. 3 au Code
Justinien, *de operibus publicis.*

[2] « Horrea fiscalia, apud urbem Romam, necnon etiam portus, in
usus translata privatos cognovimus : hæc ad pristinum, inferioribus
horreorum frumenta condantur quæ naturâ loci et humore vitiantur. An-
nonas quoque horreis antiquitùs deputatas hos redhibere compelles qui
eas in damna publica ausi sunt occupare, quarum substantiam entechæ
populi romani proficere præcipies. Sanè quos inveniens fabricorum destructionis auctores, ad reparationem necessariò tenebis. » Valentinien
et Valens (an 564). — L. 12 au Code Théodosien, *de operibus publicis.*

[3] « Ædificia privatorum publicibus ædibus adhærentia sive superposita destrui tollique præcipimus... » Arcade (an 406). — L. 46 au
Code Théodosien, *de operibus publicis.*

» excellence ordonnera la démolition de tous les édifices
» privés contigus aux greniers publics, afin que sur les
» quatre côtés ils soient isolés des maisons particulières,
» et qu'on rétablisse autour d'eux l'espace libre existant
» lors de leur édification [1]. »

Mais, Messieurs, le pouvoir édictait en vain ces lois
réparatrices ou répressives. On atteignait quelques usurpateurs, mais on ne sauvait pas les monuments, qui
périssaient dans cette lutte ouverte entre l'autorité et
la cupidité privée. Les greniers et les écuries publics
disparurent avec tant de rapidité, que Valentinien, en
365 [2], et Arcadius, en 398 [3], furent obligés, pour réparer
ces désastres, d'autoriser les magistrats à bâtir de nou-

[1] « Excellens eminentia tua cuncta privata ædificia quæ conjuncta
horreis publicis esse cognoverit, dirui ac demoliri præcipiet : ita ut ex
quatuor lateribus privatorum consortio separata sint, ac libero spatio
recernantur ut principio fuerant fabricata. » Arcade (an 398). — L. 38
au Code Théodosien, de operibus publicis.

[2] « Censura tua ac judicibus licentiam penitus amputabit, ne aliquid
novellum aggrediantur opus, veterum inlustrium fabricarum repara-
tione neglectâ. In eo sane larga ac benigna his licentia tribuetur, ut ornamenta urbium, ac decora marmorum quæ in aliquo senium temporis
sentiunt, ad speciem pristinam et usum congruæ utilitatis instaurent :
exceptis stabulorum fabricis, quæ in usu publico (si ita res tulerit) non
prohibemus institui. » Valentinien au préfet du prétoire (an 365). — L. 16
au Code Théodosien, de operibus publicis.
Même exception étendue à la construction de nouveaux greniers publics par le même, même année. — L. 17 au Code Théod.; de operibus
publicis.

[3] « ..... Horreorum autem, vel stabulorum fabricas arbitratu proprio
provinciarum judices studio laudandæ devotionis arripiant. » Arcadius
et Honorius à Théodore (an 398). — L. 57 au Code Théod., de operibus
publicis.

veaux édifices de ce genre, dérogeant ainsi exception-
nellement aux lois que nous avons déjà citées, et qui
prohibaient les constructions nouvelles.

D'autres monuments non moins précieux périrent, sous
l'influence de cette même cause. La déplorable histoire
des aqueducs offre, entre toutes, l'exemple le plus sai-
sissant de ces patientes et tortueuses agressions sous lesquelles la propriété publique finit toujours par succomber
dans ses conflits avec la propriété privée.

Les aqueducs étaient, comme chacun le sait, des conduits plus ou moins considérables, par lesquels des
eaux prises à des sources élevées, et quelquefois éloi-
gnées, s'écoulaient, en vertu des lois d'une pente natu-
relle, vers les villes, les bains ou les amphithéâtres
auxquels elles étaient destinées. Ces conduits, *forinæ*,
parcouraient de longs trajets, passaient nécessairement
à travers des propriétés particulières, se trouvaient par
conséquent exposés aux injures soit de la méchanceté,
soit de l'imprudence. Pour obvier à ces accidents trop
fréquents, Constantin avait édicté, en 330 [1], une loi pro-

_____

[1] « Aquarum possessores, per quorum fines forinarum meatus trans-
eunt ab extraordinariis muneribus volumus esse immunes : ut eorum
opera aquarum ductus, sordibus oppleti, mundentur; nec ad aliud su-
periudictæ rei onus iisdem possessoribus attinendis : ne circà res alias
occupati, repurgium forinarum facere non curent. Quod si neglexerint,
amissione possessionum multabuntur : nam fiscus prædium ejus obtine-
bit, cujus negligentià perniciem forinæ congesserit. Præterea scire eos
oportet, per quorum prædia aquæductus commeat, ut dextrâ lævâque
ex ipsis forinis quindecim pedibus intermissis arbores habeant; obser-
vante officio judicis, ut si quo tempore pullulaverint, excidantur : ne
eorum radices fabricam forinæ corrupant. » Constantin (an 330).—Loi 1
au Code Justinien, *de aquæductu*, lib. xi, t. 42.

tectrice dont l'objet était de rendre les riverains responsables des fuites d'eau qui se produiraient dans la partie
du conduit correspondant à leurs terres. Ils devaient
prendre soin de ces conduits, les nettoyer, s'abstenir de
planter des arbres en deçà d'une distance de 15 pieds,
et détruire les racines qui pénétreraient à travers le sol
dans leur direction. En récompense de ces soins, ils
étaient déclarés exempts de toutes les autres charges
publiques, quelles qu'elles fussent. Mais s'ils négligeaient
cet entretien, ils étaient punis par la confiscation de
leurs propriétés.

Cette loi fut d'abord observée avec assez de fidélité.
Mais bientôt les riverains, ne trouvant pas, dans les
exemptions qui leur étaient accordées, une compensation suffisante de leurs soins, imaginèrent de se donner
un supplément de salaire en perçant clandestinement les
conduits, et en s'attribuant des prises d'eau [1]. Ces usurpations furent découvertes : on les punit. Les contreve-
nants promirent de s'en abstenir, et bientôt ils recom-
mencèrent. On finit, et ce fut un malheur, par céder à
quelques-uns d'entre eux, et l'on consentit à couvrir en
leur faveur, par des concessions de prises d'eau, des
usurpations véritables [2].

Ces concessions devinrent le prétexte d'énormes abus.

Il ne pouvait en être autrement avec des riverains
qui, libres de surveillance, étaient à peu près les maîtres des aqueducs traversant leurs terrains. Ils dégra-
dèrent les tuyaux conducteurs, appelés *matrices*, en y
pratiquant des ouvertures incessamment agrandies par

[1] Lois 2 et 3 au Code, *de aquæductu.*
[2] Lois 4 et 5 au Code, *de aquæductu.*

l'irruption de l'eau. Ils diminuèrent le volume du courant public en dépassant les quantités permises par des détournements sans contrôle. Enfin beaucoup de gens, qui n'avaient pas même le prétexte d'une concession obtenue, usurpaient dans l'espoir de lasser l'autorité et d'arracher un assentiment à sa faiblesse.

Tel était l'état des choses sous Valentinien, qui résolut à la fois de sévir contre les usurpateurs sans titres, et de réduire à de sages limites ceux qui ne faisaient que dépasser les bornes d'un droit concédé.

Ces deux lois sont à la date de 389. Voici celle qui concerne les non-concessionnaires. C'est un rescrit adressé à Pancrace, préfet de la ville : « Si désormais quelqu'un » a la coupable audace de nuire, ainsi qu'on l'a déjà » fait, aux commodités de cette florissante cité, en dé- » tournant l'eau des aqueducs pour la conduire sur son » fonds, il est averti que ce même fonds sera frappé de » confiscation et réuni à notre domaine privé [1]. »

Voici maintenant le rescrit qui règle les droits des concessionnaires : « Les personnes qui ont obtenu des con- » cessions d'eau soit de nos prédécesseurs, soit de notre » munificence, devront les tirer soit des châteaux d'eau, » *castella*, soit des conduits ; mais ils feront attention de » ne porter atteinte ni au cours d'eau, ni à la solidité » des conduits qu'on appelle matrices. Toute contraven-

---

[1] « Si quis de cætero vetiti furoris audacia florentissimæ urbis commoda voluerit mutilare, aquam ad suum fundum ex aquæductu publico derivando : sciat eumdem fundum fiscalis tituli præscriptione signatum, privatis rebus nostris aggregandum. » Valentinien, Théodose et Arcadius à Pancrace, préfet de la ville (an 389). — L. 2 au Code Justinien, *de aquæductu*.

» tion à cette défense sera punie : 1° de la perte des
» droits de prise d'eau ; 2° d'une peine dont la sévérité
» sera mesurée sur la condition de la personne [1]. »

Cette loi fut encore inefficace. Les abus arrivèrent au
scandale. Les concessionnaires s'autorisèrent d'un simple
droit d'usage domestique pour se créer des ruisseaux
dans leurs champs et des pièces d'eau dans leurs parcs.
Il en résulta que les riverains devinrent les véritables
possesseurs des aqueducs qui, détournés de leur destination publique, furent livrés à l'agent de destruction le
plus terrible de tous, à savoir : l'usage abusif d'une
chose par celui qui n'en est pas le propriétaire.

Honorius et Arcadius essayèrent, en 397, de mettre un
frein à ces excès par une loi où apparaissent à la fois et
l'étendue du mal et l'impuissance du prince à le conjurer : « Nous entendons bien, disent-ils, conserver à
» chaque citoyen le droit de prise d'eau établi à son
» profit par une longue possession, et nous ne préten-
» dons le troubler dans ce droit par aucune innovation.
» Seulement nous voulons que les concessionnaires n'en
» usent que jusqu'à concurrence des quantités qu'ils
» sont autorisés à prendre par la coutume établie depuis
» l'origine de ces sortes de concessions jusqu'à ce jour.
» La peine sera maintenue contre ceux qui, à l'aide de

---

[1] « Eos qui aquæ copiam vel olim, vel nunc per nostra indulta me-
ruerunt : usum ex castellis, aut ex ipsis forinis jubemus elicere, neque
earum fistularum quas matrices vocant cursum ac soliditatem attentare.
Quod si quis aliter fecerit, non solum quod prius jure beneficii fuerat
consecutus amittet, verùm pro conditione quoque personæ severissimâ
pœnâ plectetur. » Valentinien, Théodose et Arcade à Albin, préfet de la
ville (an 389). — L. 3 au Code Justinien, *de aquæductu.*

» conduits furtifs, abusent des eaux pour l'irrigation des
» champs et l'agrément des jardins ¹. »

Lois impuissantes, Messieurs, qui ne faisaient que
constater un mal immense sans apporter aucun remède
efficace. Abandonnés à la discrétion, des particuliers,
confiés à leurs soins plus perfides encore que ne l'eût été
leur négligence, les aqueducs ne présentèrent plus partout que des brèches béantes, trop nombreuses et trop
irrémédiables pour qu'avec les faibles ressources dont
disposait l'Etat, on pût songer sérieusement à les conserver. Ils succombèrent donc sous les efforts de la rapacité privée conspirant avec l'indifférence des pouvoirs
publics. Avec eux tombèrent les bains et les édifices
consacrés aux naumachies, qui, de même que l'être animé
ne peut survivre à la section de ses artères, durent subir
le sort des canaux qui leur portaient l'aliment et la vie.
Enfin, Messieurs, pour compléter ce tableau désolant de
la ruine de Rome au commencement du vᵉ siècle, les
barbares achevaient sur la frontière l'œuvre de destruction que la faiblesse administrative et le désordre général
accomplissaient au dedans. Les tours, les bourgs, les
castra castella, les *castra ripariensia*, œuvres récentes de
Valentinien, tombaient à peine achevés. Cette gigantesque ceinture de murs, *magnæ moles*, si exaltée par les

¹ « Usum aquæ veterem, longoque dominio constitutum singulis
civibus manere censemus, nec ullâ novatione turbari : ita tamen, ut
quantitatem singuli quam veteri licentia præcipiunt more usque in præ-
sentem diem perdurante percipiant : mansura pœna in eos qui ad irriga-
tiones agrorum, vel hortorum delicias, furtivis aquarum meatibus abu-
tuntur. » Arcade et Honorius à Asterius (an 397). — L. 4 au Code
Justinien, *de aquæductu*.

historiens et les poëtes, était enfoncée de tous côtés par le flux immense des hordes barbares qui, semblables aux hautes mers du Zuyderzée, faisaient crever sous le seul poids de leur masse les digues opposées à leurs flots envahisseurs.

Ainsi, Messieurs, désordre immense dans l'administration des finances, tout au moins en ce qui concernait le chapitre des travaux publics; impuissance des ressources affectées à l'entretien de ces derniers, et particulièrement impossibilité pour les municipalités de supporter leurs charges; indifférence et rapacité des magistrats, qui dépouillaient, au lieu de les réparer, les monuments confiés à leur sollicitude; restaurations équivalant souvent à des destructions; usurpations incessantes et irrésistibles de la propriété privée, tels furent les vices intérieurs qui, attachés aux flancs du vaisseau de la fortune de Rome, le conduisirent à son immense naufrage. Et comme si rien ne devait manquer à ce sinistre pour que le désastre fût total, il en fut de ce naufrage comme de celui du malheureux vaisseau qui vient se briser sur les rocs inhospitaliers des côtes africaines. A peine le navire avait-il touché, que les barbares postés sur les frontières s'élançaient pour le livrer au pillage et se partager ses débris.

Ce fut en vain qu'Honorius et Arcadius essayèrent une résistance et tentèrent un sauvetage. Nous avons raconté leurs efforts pour relever les murs des cités [1]. Ils tentèrent non moins vainement de rétablir la canalisation et la viabilité partout interrompue [2]. On fit appel à tous les

[1] Lois 10 et 11 au Code Justinien, *de operibus publicis.*
[2] Loi 56 au Code Théod., *de operibus publicis.*

citoyens par voie de réquisition. On obligea les uns à
céder gratuitement des terrains pour la reconstruction
des murs, en faisant la faute de leur concéder en échange
un logement dans les tours de défense [1]. On contraignit
les autres, sans compensation, à fournir des matériaux
et des bras pour rétablir les murs, les aqueducs, les
routes et les ponts [2]. Pour que la charge devînt générale,
on fit tomber devant la nécessité toutes les exemptions
accordées par les constitutions au rang, à la naissance,
à la fonction [3]. Les sénateurs et les ecclésiastiques eux-
mêmes virent tomber leurs priviléges, et la ruine de
l'Etat équivalut, à ce point de vue, à une révolution
sociale. Enfin on recourut, pour restaurer, à une mesure
qui atteste le comble de la détresse et du vandalisme :

[1] « Turres novi muri qui ad munitionem splendidissimæ urbis ex-
tructus est, completo opere, præcipimus eorum usui deputari, per quorum terras idem murus studio ac provisione tuæ magnitudinis ex nostræ
serenitatis arbitrio celebratur. Eâdem lege in perpetuum et conditione
servandâ, ut annis singulis, hi vel ad quorum jura terrulæ demigrave-
rint, proprio sumptu earum instaurationem sibimet intelligant procu-
randam, carumque usu publico beneficio potientes, curam reparationis
ac sollicitudinem ad se non ambigant pertinere. Ita enim et splendor operis et civitatis munitio cum privatorum usu et utilitate servabitur. »
Théodose (an 413). — L. 51 au Code Théodosien, *de operibus publicis.*
— V. aussi L. 15 au Code Théodosien, *de metalis.*

[2] Loi 11 au Code Justinien, *de operibus publicis.* — Loi 5 au Code
Théod., *de operibus publicis.*

[3] « Ad portus et aquæductus et murorum instaurationem sive extruc-
tionem, omnes certatim facta operorum collatione instare debent, ne
aliquis ab hujusmodi consortio dignitatis privilegiis excusari. » Gratien,
Valentinien et Théodose à Cynegius, préfet du prétoire (an 384). — Loi
6 au Code Justinien, *de operibus publicis.* — Lois 5, 7, 23 au Code Théodosien, *de operibus publicis.*

« Vous me signalez, écrit Honorius à l'un de ses ma-
» gistrats, vous me signalez l'urgence d'aviser à la
» restauration des routes, des ponts, des aqueducs et
» des murs. Pour obvier à cette nécessité pressante,
» nous décidons qu'on affectera à cette restauration
» tous les matériaux provenant de la démolition des
» temples ¹. » Loi funeste, Messieurs, mais en même
temps loi instructive pour des antiquaires ! Que si maintenant vous trouvez dans l'arche d'un pont, dans le
ciment d'un mur, dans la poussière d'un chemin, quelque délicate sculpture, quelque inscription curieuse,
vous savez quel temps, quel règne et quelle loi vous
devez en accuser.

Je m'arrête, Messieurs, non que les faits et les documents soient épuisés, mais parce que j'en ai dit assez
pour que ma conclusion ne puisse être taxée de para-
doxale. Cette conclusion, la voici :

Les barbares portent le fardeau d'une responsabilité
sous laquelle les préjugés historiques se sont complus à
les accabler. Il est convenu qu'on est en droit de les accuser de toutes les ruines dont est semé le vieux monde.
Ce lieu commun a pris l'autorité d'une vérité que les
documents sur lesquels repose ce discours me permettent de contester.

A Dieu ne plaise que je veuille réhabiliter les bar-

---

¹ « Quoniam vias, pontes per quos itinera celebrantur, atque aquæductus, muros quinetiam juvari provisis sumptibus oportere signasti,
cunctam materiam quæ ordinata dicitur ex demolitione templorum,
memoratis necessitatibus deputari censemus, quâ ad perfectionem cuncta
perveniant. » Honorius et Arcadius (an 590). — L. 56 au Code Théod.,
de operibus publicis.

bares. Je ne suis pas plus le partisan des paradoxes que
le champion des causes impossibles. J'abandonne les Vandales et les Huns à l'exécration de l'histoire. Mais ils ne
sont responsables que de leurs œuvres et ne peuvent être
accusés du mal fait avant eux. Or, nous croyons avoir
prouvé qu'à la fin du règne d'Arcadius, les barbares du
dedans n'avaient plus laissé que peu de choses à faire
aux barbares du dehors.

Et d'abord qui a détruit les temples?

A cette question répondent les lois de Constance, de
Gratien, d'Honorius et d'Arcade livrant les dieux du
mensonge au tonnerre vengeur du Dieu de vérité, dé-
possédant les collèges païens au profit du sacerdoce
chrétien, des municipalités ou du domaine privé, tolérant, favorisant même la destruction des temples, et con-
damnant leurs ruines à ce degré d'abaissement qu'au
dernier jour de l'empire on affectait leurs tristes débris à
la réparation des murs et des chemins publics.

Qui a détruit les palais des princes?

Interrogez encore les lois du temps de Théodose, d'Honorius et d'Arcade. Elles vous apprendront que le prestige du pouvoir disparaissant avec son autorité, la cupidité ne respecta plus rien et envahit, dégrada, ensevelit
sous ses audacieuses entreprises la demeure du maître,
le prétoire du juge et les palais des grands.

Les barbares ont-ils dévasté les sépultures?

Les lois de Constance, de Constant et de Julien les en
justifient. Elles attestent que les monuments funéraires
ont été mutilés ou détruits tantôt par la cupidité des particuliers et du commerce [1], tantôt par les passions reli-

---

[1] Les marchands de chaux, *calcis coctores.*

gicuses mutilant les inscriptions païennes sous Constant, profanant les cimetières chrétiens sous Julien l'Apostat.

Les barbares sont-ils responsables de la ruine des aqueducs et des thermes?

Les lois de Valentinien, d'Honorius et d'Arcade ne permettent pas non plus d'admettre une telle accusation. Elles témoignent des coups mortels portés à ces monuments utiles par des usurpations fondées soit sur l'abus d'un titre, soit sur le mépris de l'autorité.

Enfin, peut-on imputer aux barbares la destruction des routes, des murs d'enceinte, des greniers publics et de tous ces monuments d'utilité ou de plaisir dont les beaux temps de la civilisation romaine avaient doté les cités?

Assurément, Messieurs, l'histoire est en droit de reprocher aux hordes du Nord les dévastations qui, dans le ve siècle, désolèrent certaines contrées de l'empire. Un torrent qui fait irruption dans un pays laisse indubitablement des traces de son passage partout où il s'irrite contre une résistance ou un obstacle. Mais ce n'est là qu'une cause de ruine partielle, et les lois romaines assignent au délabrement des cités une raison plus générale, en même temps qu'une date plus ancienne. Théodose, Valentinien, Honorius et Arcade répètent, en effet, dans des textes nombreux, qu'il faut accuser de ce désastre universel l'avidité, l'incurie ou l'incapacité des administrateurs, la gêne des finances, la faiblesse du pouvoir et l'usurpation des particuliers, réprimée toujours vainement, tolérée souvent, encouragée parfois.

Ainsi les barbares n'ont fait qu'achever l'œuvre commencée par les Romains eux-mêmes. Leur main n'a pu s'appesantir que sur des cités déjà découronnées de leurs plus fiers et de leurs plus somptueux ornements. L'empire romain, déjà suicidé, n'abandonnait plus à leurs profanations que son cadavre.

L'administration romaine a donc, aux yeux de la postérité, la responsabilité des ruines de son propre empire. Elle a donné, par ses fautes et par ses malheurs, aux administrations des temps modernes, une leçon digne d'être méditée. Elle leur apprend que les civilisés peuvent équivaloir à des barbares lorsqu'ils ne respectent pas leur histoire lapidaire. Cette leçon a été perdue pour bien des édilités contemporaines. Heureusement le gouvernement veille sur les monuments chers à l'antiquaire et les protége contre les excès du zèle aussi bien que contre les injures du dédain. Sa sollicitude s'exerce sur eux moins encore par la répression des abus que par l'autorité de l'exemple et par l'effusion des lumières. Il encourage les études archéologiques, favorise les efforts des associations provinciales qui s'y livrent, accueille avec faveur leurs communications et leurs vœux, et ne laisse périr les vieux monuments que lorsqu'une invincible nécessité a prononcé leur condamnation.

Félicitons-nous, Messieurs, de cette ère qui depuis quelques années s'est ouverte pour l'archéologie, et reportons-en notre gratitude à la sagesse qui nous gouverne. L'empire romain vient de vous offrir la déplorable histoire de la détresse qui laisse faire le temps, de la faiblesse qui laisse faire les hommes, de la passion qui les pousse à détruire. L'empire français présente à votre orgueil le noble spectacle de la richesse qui féconde le bien, de la fermeté qui empêche le mal, et de la modération qui conserve.

Poitiers.—Imp. de A. DUPRÉ, rue de la Mairie, 10.

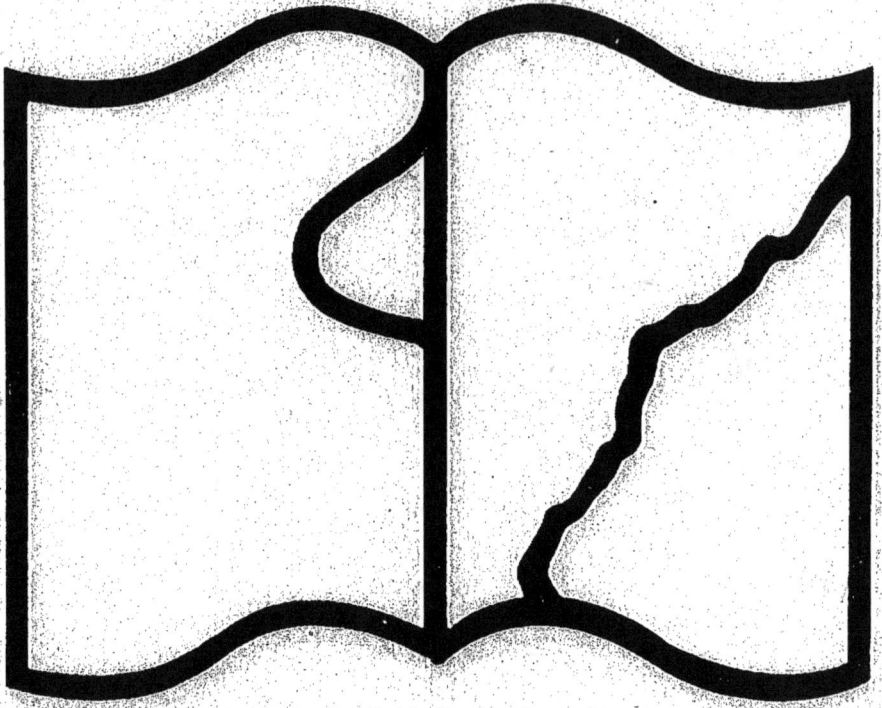

Texte détérioré — reliure défectueuse

NF Z 43-120-11

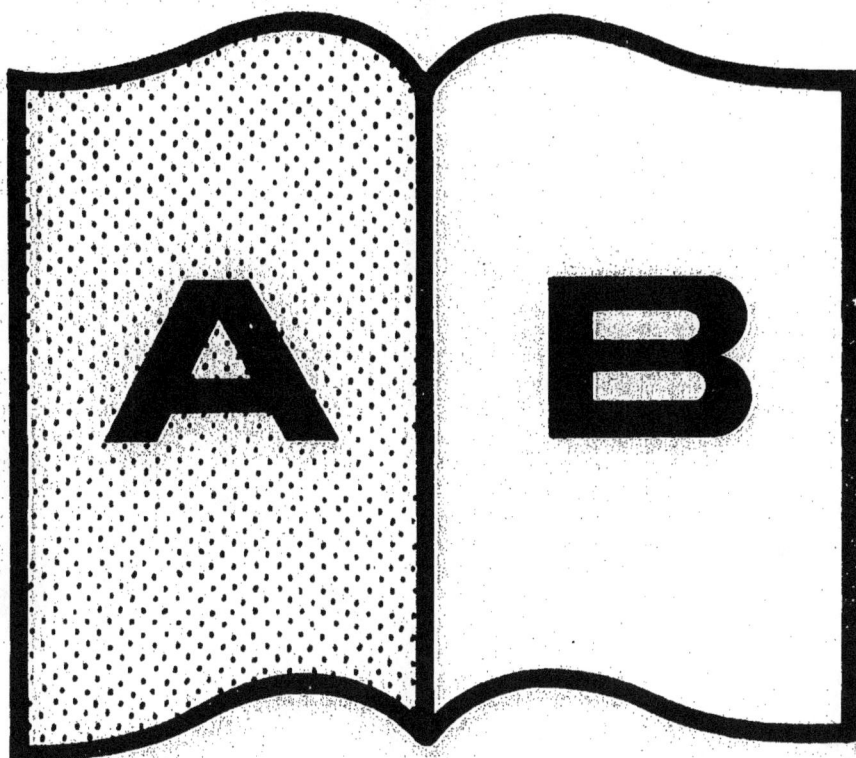

Contraste insuffisant

NF Z 43-120-14

www.ingramcontent.com/pod-product-compliance
Lightning Source LLC
Chambersburg PA
CBHW071217200326
41519CB00018B/5562